U0551120

李珉圭——著 馮燕珠——譯

執行力的20個槓桿

成果＝能力×執行力

如果執行力是零，成果就是零。
執行力才是真正的競爭力！

從下定決心、採取行動到堅持下去，全面提升執行力，實現理想人生

실행이 답이다：행동과 실천의 심리학

沒有人知道此刻小小的行動，
會帶來多大的成就。

序

不要怪意志力，找出槓桿吧！

給我一個支點，我就能撐起地球。——阿基米德

看著那些取得巨大成功的人，有時會想：「那麼平凡的人怎麼會成功……。」聽到某個朋友做了意想不到的大事，難免也會好奇：「他怎麼可能做得到？」

但是，如果稍微深入觀察，就會發現他們有不同於一般人的細微差異，也就是他們能將別人只在腦海中想的事，付諸行動。

我們都有數以千計的好主意

海倫・凱勒（Helen Adams Keller）或德蕾莎修女（Saint Teresa）光憑想法，就能留下如此偉大的足跡嗎？史蒂夫・賈伯斯（Steve Jobs）或比爾・蓋茲（Bill Gates）光憑創意，就能成為最佳執行長嗎？他們之所以偉大，不是因為他們的知識和想法與眾不同，而是因為他們「實踐」。其實百分之九十九的人，腦中都有數以千計的好主意，只是他們並不實踐；相反地，其餘百分之一的人則不同，他們一定會把想法付諸行動。

「這次我一定要進前五名」、「不要再吵架了，要和睦相處」、「我想成功，過與眾不同的生活」。很多人都希望可以比現在更好，卻還是停留在原來的位置。功課不好的學生和功課好的學生、不幸的人和幸福的人、失敗的人和成功的人，這些差異到底從何而來呢？答案正是「執行力」。不是因為想要的不同，而是因為有沒有實踐而讓結果有所不同。

小時候因天賦而備受矚目的英才中，有許多長大後過著平凡的生活。學習了很多理財知識，卻無法致富的人不計其數。企劃能力出眾，卻未能取得成果的組織隨處可見。

以上這些人都只差一步，就是執行力。

成果＝能力×執行力

無論是人際關係還是商業關係，所有成果都必須由「能力」乘以「執行力」的值來決定。這裡指的能力可能是心中擁有的愛，也可能是個人才能、知識或創意、組織的革新戰略。即使對子女的愛再多，如果不能好好表現出來，關係就不會得到改善。就算知識和創意再突出，如果執行力是零，成果也會是零。一切偉大的成就都必須透過執行來實現，不執行就一事無成。

執行力是可學習的技能

我們每天都會產生新的決心，從「早起去運動」、「要改掉壞習慣」等生活中的小決心，到「十年後我要成為CEO」等大決心，我們總是在下定決心。然而其中大部分的人不是三天打魚、兩天曬網，就是虎頭蛇尾，最後不了了之，然後嘆氣自責：「為什麼我總是這個樣子？」

很多人認為執行力就是意志力。意志力是天生的，很多人在半途而廢後，自責自己「意志薄弱」，其實那是錯誤的想法。執行力並非天生的，是只要學習並練習，任何人都可以開發的一種技能（skill）。執行力不足不是意志力的問題，而是因為尚未學到有效的方法。為什麼不會彈鋼琴？為什麼不會開車？都是因為沒有學習和練習。幸運的是，執行力也像鋼琴演奏和駕駛一樣，是一種技能，可以透過學習和練習來實踐。

我常覺得我是不是天生就受到了某種詛咒，任何機器都無法好好操作。三十七歲即將結束的那年春季，某天散步時，看到鄰居正在修理除草機。我向他打招呼並懷著敬畏的心說道：「你真了不起，那種事我完全一竅不通。」話剛說完，鄰居就不留情地回道：「那是因為你沒有花時間去做。」明快又直接的回答，讓我什麼話也說不出來，只得默默離開繼續散步。

——史考特．派克（M.Scott Peck），《心靈地圖》

那些執行能力出眾、能取得與眾不同成就的人，都有一個共同點，就是目標明確，擁有容易將想法付諸行動的槓桿。

想擺脫每年的新年計畫總是三天打魚、兩天曬網嗎？想讓孩子培養實踐能力嗎？想提高員工的執行力嗎？如果想，就不要怪自己意志薄弱、不要沒耐心地責罵孩子、不要嫌員工執行力不足而過度催促他們。我們應該找尋那些執行力突出的人所擁有的技巧，然後給他們槓桿，並告訴他們如何使用。

那些人其實與我們沒什麼不同，只是有一天他們做出與我們不同的決定，實踐了我們只在腦海中想的事，進而生活在與我們完全不同的世界。我們嘗試後卻放棄的事，他們則是一直持續在做。執行力包括「決心—行動—維持」三個階段，想要成為卓越的實踐者，必須具備適用於這三個階段的槓桿，才能讓想法化為成果。

這本書由決心、行動、維持三個章節組成，介紹各階段提高執行力的方法。在每個主題中，首先會介紹相關的問題案例，分析妨礙執行的心理問題，然後與讀者一起探索解決方案。

在每個主題的最後，為了讓讀者不僅只是閱讀和感受，還要能立即付諸實踐，特別準備了「Stop, Think & Action」單元。無論讀了多少書、擁有多麼與眾不同的想法，如果不執行，就沒有任何意義。平凡人和成功者的差別不在於知識，而是執行力。績效不佳的公司和成功企業的差異不在於戰略，而是執行力。無論是個人還是組織，執行力才是真正的競爭力。

如何使用這本書？

我有幾句話想叮囑本書讀者。首先，既然決定投入寶貴的時間看書，請以積極的態度閱讀，而不是被動的態度。也就是說，不該只是「看」作者寫的內容，應該不時停下來問問自己：「我為什麼要看這本書？」「我想透過這本書得到什麼？」「如何將書中的內容活用在人際關係或工作事業上？」這樣向自己提問，才能找到答案。提出與眾不同的問題，才能得到不一樣的答案。問題永遠比答案更重要。

以積極態度閱讀的另一個方法，是改變閱讀的模式。如果你一直以來都完全以讀者的立場看書，那麼這本書，就請你把自己想像成作者來閱讀。如果以前總是把自己當成學習者來看書，那麼這一次，就請你從教育者的立場出發，想像是為了教育他人而閱讀。這麼做，你將會看到與以往不同的東西，從而得到更多收穫。觀點改變，看到的東西就會不一樣；看到的東西不一樣，得到的也會不同。

很多人在閱讀時，會像是跟別人借書看一樣，把書保持得乾乾淨淨。但是在讀這本書時，希望你一定要拿起筆，當看到覺得很特別的內容時，就用螢光筆劃線標記。若有令你印象深刻的部分，就善用星號或驚嘆號等各種符號，明確地留下感受到的強度吧。

看到當下不懂或無法理解的部分，也可以先打個問號，稍後再回頭來看。若不認同作者的說法，就果斷畫個叉，然後找出更好的方案，寫在空白處。如此一來，你看的就不是別人寫的書，而是像以共同作者的身分，可以感受到閱讀自己作品的喜悅。

這本書談得不是關於實踐的理論，因此你不一定要按照章節順序閱讀，也可以從後面往前看，或是隨意從任何一章開始閱讀。一口氣看完固然很好，但看一段後先放下，有時間再繼續看也不錯。不管怎樣，可以試試偶爾放下書，重新回顧之前讀過的部分，並關注自己留下的記號。針對每個主題，找出當天就能實踐的小事，並在晚上十二點之前付諸行動吧。

行動，是培養自信最有效的方法，也唯有這樣，才能獲得想要的東西。希望各位讀者能透過這本書架起一座橋梁，從「現在所處的位置」，到達「想去的地方」。

目次

第一章

決心 Decision Making

明確決定目標

第二章

行動 Taking Action
立即採取行動

第三章

維持 Maintaining Habit
不到最後絕不放棄

第一章

決心

明確決定目標

成功的第一步，就是明確決定你想要什麼。

Decision Making

01

勾勒出路線圖，就能看到捷徑

Pathway Seeking

如果不知道自己要去哪裡，最終我們將抵達一個完全不同的地方。

——羅伯特・奧爾森（Robert W. Olson）

曾在某個講座中聽到有關全球知名自我開發大師的故事。有位業務員詢問他成功的祕訣，他把對方帶到一間進口車的展示中心，站在店內最高級的車子旁拍照，然後告訴那位業務員：「你每天看著這張照片，認真想像自己擁有這輛車的樣子，那麼你就會變成那樣。」在我們公司的業績成就分享會上，也經常聽到類似的故事，所以我描繪了自己的藍圖，每天都想像成功的樣子。但是，無論我多麼渴望成功，並努力想像，卻始終沒有取得成果。到底是哪裡出了問題呢？

——業績不佳的四十多歲業務員

迫切地渴望、生動地想像，就一定會成為現實？

「迫切地渴望就能實現」、「生動地想像，夢想就會變成現實」，這些話是早期在自我開發書籍中常見的句子，同時也是自我開發教練一再強調的法則，相信很多人深信不疑，但非常抱歉，我必須告訴大家，這並非事實。

「迫切渴望、認真想像就能實現夢想」這種積極的自我催眠，實際上效果並沒有想像中大，甚至反而會成為執行的障礙。心理學家范（Lien Pham）找了一群大學生，要求一半的人「每天都生動地想像」期中考試獲得高分，另一半則不做那種想像，然後進行比較。研究結果顯示，每天努力想像自己考試得高分的學生，比起不做想像的學生，讀書時間更少，成績也更低。

實際上，那些堅信只要迫切地渴望就能實現心願，或是認真想像最後一定會成真的人當中，失敗的人出乎意料地多。二〇〇二年獲得諾貝爾經濟學獎的普林斯頓大學教授丹尼爾．康納曼（Daniel Kahneman）就指出，會造成這樣主要是因為過度自信，制訂了不合理的宏偉計畫，最後陷入「規劃謬誤」（Planning Fallacy）。

賓州大學的蓋布里奧．歐廷珍（Gabriele Oettingen）教授，以參加減肥計畫的女性為對象，分為相信自己可以控制食欲（積極想像）和不相信（消極想像）兩個小組。在進行一年的追蹤後發現，消極想像組的平均體重，比積極想像組還少了十二公斤。歐廷珍又透過另一項研究，花兩年的時間追蹤大學生，發現經常想像未來能找到理想工作的學生，與沒有那樣想像的學生相比，就業率更低，薪資也較少。

為什麼會出現這樣的結果呢？有幾個原因，因為樂觀的想法反而會妨礙我們去預測在達成目標過程中可能遇到的困難，如此一來就無法制訂對策。那些「想像」美好未來的人，在成功的過程中更容易受到挫折，也就更可能逃避到想像中。從這些研究結果我們可以理解，為什麼考試前得意洋洋的人成績反而比較差、為什麼在工作或人際關係方面充滿自信的人意外失敗的情況更多。

我在諮詢工作中，會遇到很多過分陷入想像，結果反而無法適應現實的人。有人執著於理想型而錯過良緣，也有人堅持不放棄每況愈下的事業而傾家盪產，或是懷抱著一夜致富的夢想沉迷賭博而最後身敗名裂，甚至還有人因為過於沉醉於不現實的想像，結果出現了妄想和幻覺。他們都曾迫切地渴望、生動地想像著自己想要的東西，然而這就是他們的結果。

找到通往夢想的路，並備妥B計畫

積極的自我催眠之所以具有深入人心的說服力，有幾個原因。第一，給予希望。對於那些有夢想卻不知道方法的人，或是雖然知道方法但不想付出代價的人來說，沒有什麼比「想像就能實現」更悅耳的話了。第二，給予安慰。如果生動地想像實現願望時的情景，無論現在的情況多麼不好，心裡都會得到安慰而不自覺露出微笑。第三，給予勇氣。聽到因迫切地渴望、生動地想像而實現夢想的故事時，就會產生勇氣，挑戰之前不敢做的事。

自我催眠浮現美好的未來，也許會讓自己心情變好，但是光靠想像無法使夢想成為現實。天下沒有白吃的午餐，要得到自己想要的東西，就必須在心裡描繪出來，這句話沒有錯。因為無法想像的事就無法嘗試，無法嘗試的話就絕對不會實現。但是僅憑想像就想達成目標是不正確的。如果要讓想像成為現實，就必須滿足所需的條件。也就是說，要找出通往成功的路徑，另外，還必須要能預測過程中可能出現的障礙，並具備克服的方法。

仔細觀察少數憑生動地想像而夢想成真的成功事例，會發現他們有一個共同點，就是找到了屬於自己的路徑。這項尋找路徑的行動稱為「路徑探索」（Pathway Seeking），包含了生動地想像在達成目標的過程中該做的事、可能遇到的障礙，以及應對方法等，這些稱為「過程導向的可視化」（Process-oriented Visualization）。與想像達成最終目標的「結果導向的可視化」（Outcome-oriented Visualization）相比，更重視是否正確掌握達成目標的路徑。

心理學家查爾斯．斯奈德（C. R. Snyder）透過以大學生、運動員、一般人等為對象進行的多項實驗和調查研究，發現成就越高的人，對於找出實現目標的具體方法以及執行的信念就越強。那些相信能找到成功路徑的人有幾個特點：首先，他們相信自己可以找到與眾不同的方法，因此會比一般人將目標訂得更高。第二，如果一種方法失敗了，他們會去尋找其他對策，絕不會輕易放棄。第三，他們了解不同的目標會有不一樣的實現方法，所以會勇於嘗試多種方法。

想要實現目標需要兩個動機，那就是「初始動機」和「維持動機」。初始動機是透過想像達成目標的狀態（結果導向的可視化）形成的；維持動機則是透過達成目標的方法形成的。因此，如果找不到實現目標的路徑（過程導向的可視化），即使初始動機（結果導向的可視化）再強，也無法持續執行，當然也就不能達成目標。

因此，想決心堅持到最後實現目標，不僅要有樂觀的態度，也必須兼備悲觀意識。與其安逸地認為只要想像就能得到，不如找出成功的路徑，並預測在此過程中可能出現的問題，制訂對策。具有卓越執行力的人，同時兼具樂觀思考和悲觀意識，也就是具備「雙重思考」（Double Think）的能力。

想與心儀對象約會、想戒菸、想減肥、想有好的業績……，不管你想要任何東西，都必須先培養雙重思考的能力：首先，生動地想像自己達成目標的樣子，盡情發掘從中可以獲得的利益。第二，預測在達成目標的過程中會遇到的難關或突發事件。第三，制訂能有效應對問題的方針。

向走在前面的人問路，繪製自己的路徑圖

全球級的富豪比爾．蓋茲被問到成功的祕訣時，這樣說道：「把他人的好習慣變成自己的。」另一位富豪華倫．巴菲特（Warren Buffett）也說：「成為富翁的祕訣之一，就是把別人的好習慣變成我的習慣。」這就是「標竿管理」（Benchmarking）。標竿管理不僅適用於企業，也可以用在個人身上。想要實現自己的夢想，最好的方法是研究並模仿成功者的好習慣。

如果想成為最棒的講師，就去聽聽最棒講師的講座。在講座結束後遞上名片，並在二十四小時之內準備好聽完講座的感想及提問，寄發 e-mail 給對方。如果可以就相約見面，當面問問他走過的路，一起合影並將照片貼在牆上，然後描繪出達到像他一樣高度的路徑，制訂出屬於自己的職涯路徑圖（Career Road Map）。

各位可以參考後面的範本，制訂屬於自己的路徑圖。首先，暫停手中的工作，好好

想想自己希望實現的夢想或目標，然後在心裡描繪出從現在的位置（起點）到達夢想（最終目標）的過程。第二，寫下最終目標達成的年度或年齡（最後期限）。第三，從最終目標往回推，列出必須經歷的中間目標（或轉折點）及起點，寫下那時正在做的工作、年度或年齡。畫好後，尋找實現目標的方法，預測可能出現的問題並思考應對方案。為了達成目標，找一件今天必須做的事並付諸實踐。然後想想自己所設定的目標，是不是已經有人達成了，寫 e-mail 給他們尋求協助，或親自去拜訪徵求意見。

在繪製路徑圖時，不要費盡心思想畫得很完美，那樣反而可能會畫不出來。帶著達成目標的意識生活需要路徑圖，但並非一定要按照路徑圖生活，人生也不可能那樣。

你的夢想是什麼？實現夢想的你又是什麼模樣？在把夢想變成現實的過程中會遇到什麼問題？你又有什麼對策？

路徑圖範本

以十五年後成立公司為
目標的職涯路徑圖

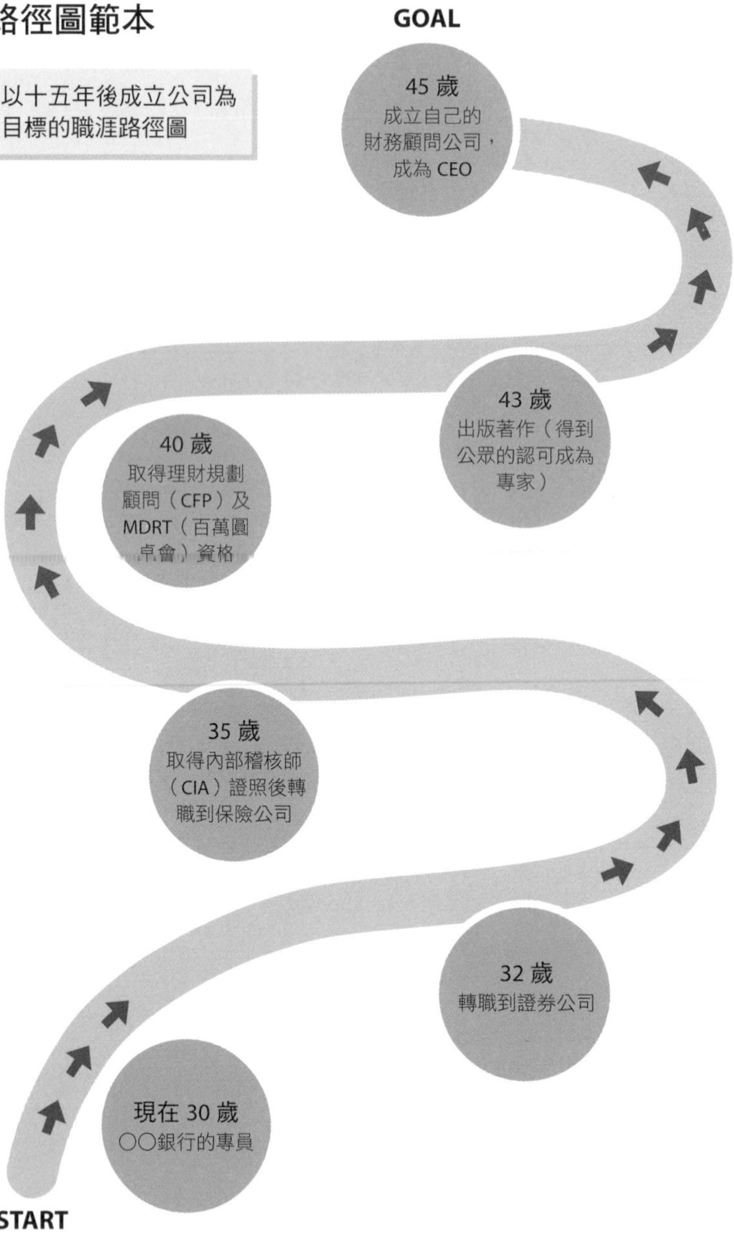
GOAL
45 歲
成立自己的
財務顧問公司，
成為 CEO
43 歲
出版著作（得到
公眾的認可成為
專家）
40 歲
取得理財規劃
顧問（CFP）及
MDRT（百萬圓
桌會）資格
35 歲
取得內部稽核師
（CIA）證照後轉
職到保險公司
32 歲
轉職到證券公司
現在 30 歲
○○銀行的專員
START

描繪自己的路徑圖

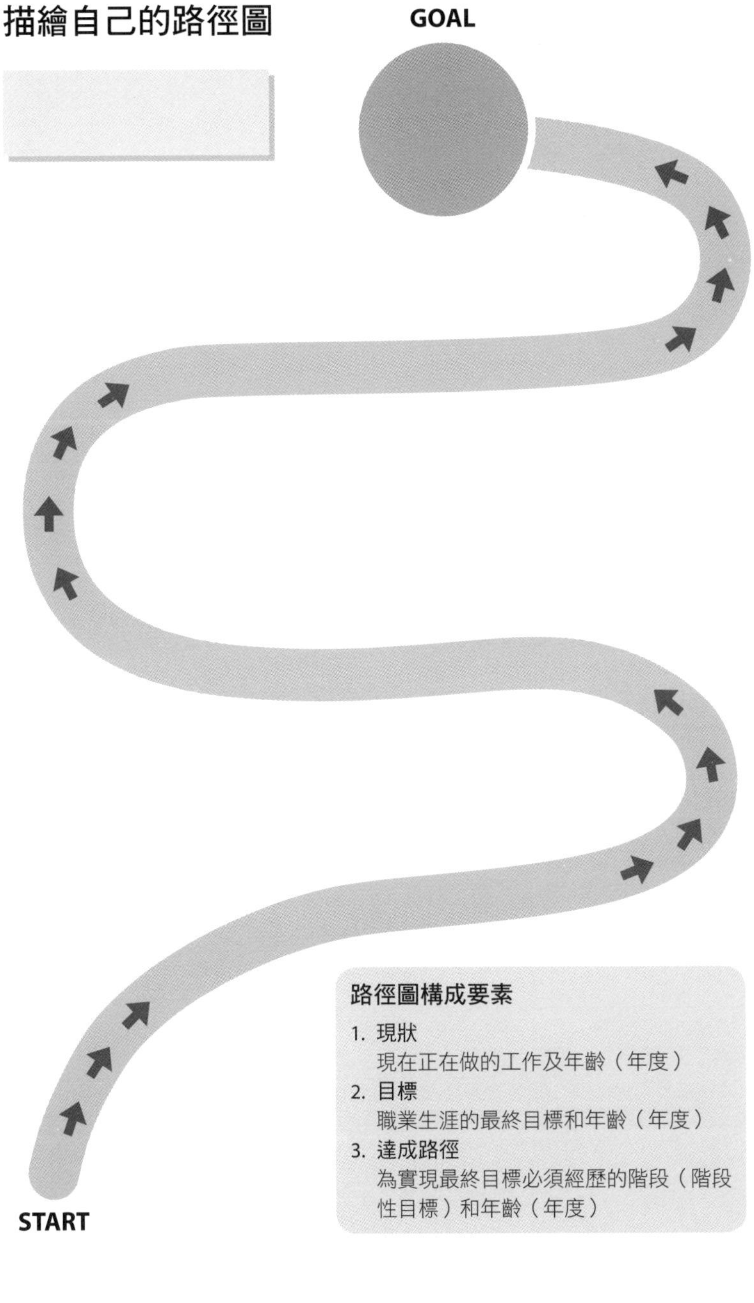

路徑圖構成要素

1. 現狀
   現在正在做的工作及年齡（年度）
2. 目標
   職業生涯的最終目標和年齡（年度）
3. 達成路徑
   為實現最終目標必須經歷的階段（階段性目標）和年齡（年度）

Stop, Think & Action

Stop：尋找一個想實現的夢想，並具體想像實現的樣子（何時、什麼事、怎麼做）。

Think：想像實現夢想的路徑，並描繪出來。

Action：為了實現夢想，現在立刻找一件可以馬上做的事。

One More

未執行的想法，只不過是垃圾

某天，一個男人向著名思想家威廉．布萊克（William Blake）問道：「請問我該怎麼做才能成為偉大的思想家？」布萊克回答：「請多多思考。」那人聽了像得到寶物一樣地回到家裡，開始整天一動也不動地望著天花板「思考」。一個月後，男人的妻子哭喪著臉找布萊克說：「自從我的丈夫見了您回家之後，就連飯也不吃，整天只是躺在床上思考，請您幫我勸勸我丈夫吧。」

布萊克來到男人的家中，發現他就像妻子形容的，躺在床上骨瘦如柴，兩眼盯著天花板。男人看到布萊克來訪，勉強起身說道：「老師，這段時間我一直思考到無法再思考，到底還需要思考多久，才能成為偉大的思想家？」布萊克反問他：「原來你每天只是想而沒有行動啊，你到底都思考了些什麼？」男人回答道：「我思考了很多，多到無法放在腦子裡了。」布萊克聽了之後，給男人一句忠告：「我忘了告訴你，如果不行動，那些想法就只是垃圾。」

你是否也只是想而沒有付諸行動？那是什麼想法？為什麼還在你的腦海裡呢？

02

把握問題的核心，答案自然會出現

Problem Awareness

問題本身的界定，比其解決方法更重要。

——愛因斯坦

我第一任丈夫每天都動手打我，所以最終分開了。第二任丈夫雖然沒有打我，但成天喝得爛醉。婚姻生活很辛苦，因為我必須養家餬口。最後沒辦法，我也跟他分開了。第三任丈夫雖然長得像演員一樣帥，但是喜歡亂花錢，結果成了信用不良者，還把我辛辛苦苦賺來的錢都偷走了。天底下沒有一個人可以相信，難道男人都是一樣的嗎？

——離婚三次，對人生失去希望的四十多歲女性

不要為了解答莫名其妙的問題而浪費人生

上述案例中的女性前來找我諮詢，她認為自己之所以不幸，都是因為男人，在辱罵和埋怨他們中度過歲月。但是在諮詢過程中，我發現她有酗酒的問題。同時，她的三位前夫有著共同點，都是長相帥氣，也都和她一樣好飲杯中物。所以根本問題不在那些男人身上，而在於她自己喜歡外表光鮮、沒有內涵的男人，在經歷過痛苦後又再次選擇類似的男人，這種行為模式就是問題所在。除非她能正確了解根本的原因，並改變一再重蹈覆轍的行為模式，否則痛苦只會持續下去。

在嘗試改變時，最重要的是「確實了解」問題及造成問題的原因，只要能把握這一點，解答往往呼之欲出。比起問題本身，更大的問題是人們往往不知道自己的問題在哪裡。那些反覆酗酒、一再復胖、信用不良的人都有個共同點，就是即使問題已很嚴重，卻無法正確意識到自己的問題，只會從外部尋找原因，從外部尋找指責的對象。

有很多人知道關係出了問題，卻未能正確掌握問題是什麼。連續好幾天妻子都抱怨丈夫太晚回家而發脾氣，丈夫認為問題是「回家時間太晚」，隔天便早早回家，但妻子的態度並沒有改變。像這種情況，丈夫雖然意識到出了問題，卻未能正確定義問題。他真正需要解決的不是回家時間，很可能是如何表達愛意，也就是面對妻子時的態度、眼神和對話內容。即便妻子抱怨「為什麼每天都這麼晚才回來」，但往往問題的本質並不是回家時間。大多數人在相處上的真正問題並不在時間的長短，而是取決於彼此關係的品質。

如果不能正確界定問題，就會浪費大量時間和精力去解決不是問題的事情。如果拚命工作卻沒有成果，那麼肯定是在浪費時間解決錯誤的問題。如果即使努力了，彼此的關係仍未改善，那純粹是因為沒有正確定義問題。一旦只要確實掌握問題的本質，答案就會自動出現。因此，若想真正解決問題，就必須正確了解什麼才是問題。

左腿癢，就不要抓右腿

意外的是，很多人因為無法正確定義問題只是拚命努力，過著一無所獲的人生。韓國有句俗語說「抓錯了腿」，明明是左腿癢卻抓右腿，就像「隔靴搔癢」一樣，比喻一個人沒抓到重點，把精力集中在錯誤的事情上。

有時候，明明比任何人都努力工作，卻無法取得預期的成果。明明付出了很多，卻得不到認可。如果發生這樣的狀況，那必然是徒勞無功了。為了解決這種問題，必須經過以下階段：

第一，首先要接受問題存在的事實。認清問題是解決問題的第一步，也是關鍵。如果意識不到問題，就感覺不到解決的必要，當然也不可能找到解決方法。就像酗酒者的核心問題是不承認自己酗酒；夫妻關係會漸行漸遠是因為他們無法捕捉到關係中出現的細微徵兆。

第二，要正確定義問題，否則就只是浪費寶貴的時間和精力，去處理莫名其妙的事。成功的人願意花時間先確實了解問題；相反地，失敗的人通常都是在沒有正確掌握問題的情況下就急於出手解決。若想正確掌握問題，就要先拋出適當的問題。舉例來說，將「如何擴大賣場」改為「怎麼做才能賣更多」；與其問自己「該說些什麼才好」，不如改成「要怎麼說才能打動對方」。

第三，多探索各種解決方案，從中選擇最有效的策略並付諸實行。有一天開車時，我發現汽車引擎似乎發出異常的聲音，於是把車開去保養廠。年輕的維修人員汗流浹背地拆下各種零件並更換，但聲音仍未消失。這時，一個看起來年紀較大的維修人員出現，他發動引擎，仔細聽引擎的聲音，接著鬆開一個螺絲再挪移一下，然後用力鎖緊。再次發動引擎，聲音完全消失了。那位經驗豐富的維修人員準確地掌握了問題的真正出處，並找到最省時和省錢的解決方法。

有個人在街上，看到一個人和一隻狗坐在地上，路人問：「你的狗會咬人嗎？」那人回答：「不會。」於是路人伸手想摸摸狗，沒想到卻被狗咬了一口。路人非常生氣，質問那人：「你不是說你的狗不會咬人？」那人回道：「這隻狗不是我的。」

——羅伯特．邁爾斯（Robert P. Miles），*Warren Buffett Wealth*

不管是什麼問題，只要能確實掌握就可以解決。如果現在做什麼都沒有成果，那是因為你都把時間和精力浪費在其他莫名其妙的問題上。無法清楚定義問題以致於遲遲未能解決，這才是你的問題，不是嗎？

解決問題的 IDEAL 階段

- **I，意識問題（Identify the Problem）**：首先應該正確認知到問題存在的事實。例如孩子好像變得和以前不太一樣，常常會迴避父母，那麼就可能是親子關係出現問題了。
- **D，定義問題（Define the Problem）**：意識到問題存在之後，就要正確定義問題的本質。例如或許問題不在孩子身上，而是我總是訓斥得多、傾聽得少。
- **E，探索解決方案（Explore Solutions）**：盡可能先尋找多個方法，然後從中選擇最適合的解決方案。例如規定自己先從五分鐘沒有訓斥的對話做起；也可以和孩子一起去澡堂，利用泡澡時間傾聽孩子説話。
- **A，計畫與執行（Act on Your Plan）**：制訂設有期限且具可行性的計畫，並立即付諸實踐。例如在晚餐時間與孩子聊聊他喜歡的偶像或歌曲，創造一個不訓話的晚餐時光。
- **L，檢討結果（Look at the Effects）**：認真審視執行結果，一旦發現沒有效果，就要立即重新定義問題、尋找並修改解決方案。例如孩子的表情開始不一樣了，會開心地與我聊天；如果我能再多了解一下孩子喜歡的歌曲，相信氣氛會更愉快。

Stop, Think &Action

Stop：試著找出下定決心卻未能實現的夢想，或是努力過卻毫無成果的事。

Think：利用 IDEAL 步驟，找出問題的本質，並尋找解決對策。

Action：找出與解決方案有關的行動，即使只是件小事也沒關係，重點是要立即執行。

One More

為何在路燈下找鑰匙

有一天晚上，毛拉．納斯雷丁（Mulla Nasrudin，伊斯蘭世界中的「大智若愚者」，經常出現在蘇非主義寓言故事中）在路燈下尋找東西。一名路過的人見狀上前詢問，納斯雷丁說鑰匙不見了，於是好心的路人也彎下腰幫忙找鑰匙。但找了一個多小時都一無所獲，路人忍不住開口問道：「你真的是在這裡弄丟鑰匙的嗎？」納斯雷丁指著一旁黑暗的巷道回答說：「不。是在那個漆黑的地方弄丟的。」路人聽了很生氣，再次問：「那你為什麼要在這盞路燈下找鑰匙？」納斯雷丁回答：「因為這裡很亮。」

這是個流傳已久讓人聽了不免莞薾的故事，但是更令人哭笑不得的是，實際上我們都像納斯雷丁一樣，有時根本就抓住錯誤的問題，在莫名其妙的地方浪費時間和精力。想一想，你必須解決的問題是什麼？為什麼到現在還沒解決呢？

03

利用反向排程，該做的事就會更明確

Backward Scheduling

成功的人用未來引領現在。

——神田昌典

我的夢想是擁有一間屬於自己的診所，所以今天也是一大早就來到研究室報到。我認為只要努力學習，總有一天會實現我的夢想。讀完研究所，接受臨床訓練，成為專業人士，這樣累積幾年經驗之後，不就可以開設私人診所了嗎？

——夢想開設私人診所的二十多歲研究生

只要努力，夢想就會實現嗎？

我發現許多人都有類似的目標，只是接近方式各不相同。我在與學生聊天時，意外發現很多學生都像前面事例中的主角一樣。我問他們：「想實現擁有自己的診所，需要花多久時間呢？」他們這樣回答：「那個……大概要十年，不，可能需要十五年左右吧。這問題還真沒具體想過……。」

相反地，也有極少數學生這樣說：「若從現在開始算起，我希望在十五年後開設自己的診所。因此往回推算，在開業前兩年，我至少要發表三篇專業領域的論文及出版一本書，並取得博士學位。因為有了那些成果，我的專業才會得到認可。因此，我必須在七年內進入博士班。再往回推算，我得在五年內完成臨床研究，並通過資格考試。為了實現這個目標，我必須在兩年內從研究所畢業。所以今天，我想和老師討論一下這段時間整理的論文主題。」

以上兩種類型的學生有著相同的目標，也都很努力學習，但是對達成目標的過程有不同的想法。前者秉持著「只要努力，總有一天會實現夢想」的想法，而後者則是首先設定好最終目標的達成期限，然後反向推算，一一找出這中間必須經歷的過程，然後決定現在該做的事。想著「只要努力總有一天會成功而學習」的學生，和「從未來的觀點來看現在該做什麼」的學生，哪一種人實現目標的可能性更高呢？

排程，也就是制訂計畫的順序，基本上有兩種方法。一是以現在為起點，往前推測到未來目標達成時的「正向排程」（Forward Scheduling）；另一則以最終目標達成時間為基準點，從未來往回推算，來決定現在有什麼事應該立刻執行的「反向排程」（Backward Scheduling）。

習慣正向排程的學生，很可能這樣度過一天：

正要開始念書時，朋友打電話說成績拿了F，心情不好要我陪他去喝酒。本來想喝一杯就回家，結果不但續了三攤還喝醉了，一直到凌晨才回家。回家後倒頭就睡，迷迷糊糊中似乎聽見鬧鐘聲響，但實在是醒不過來。好不容易起床，一照鏡子，頭髮亂七八糟，連忙洗頭。在媽媽的催促下隨便扒了幾口飯就出門。今天依然如往常一樣又遲到了。

然而，若是習慣反向排程的學生，會有截然不同的行動：

明天絕對不能遲到，必須在九點之前進教室，那麼我得在八點四十分前抵達校門口。這樣的話，就要在七點十分前搭上地鐵，那麼，我必須在七點從家裡出發，所以得在六點四十分前吃完早餐。這樣的話，我明早最晚六點一定要起床，所以今晚十二點前得上床睡覺。雖然覺得很抱歉，但晚上不能和朋友聚會了，我得在九點前回家。

想堅守決心，就要懂得反向排程

正在看這本書的你是怎麼樣呢？每次上課或約會都遲到嗎？盡做些雜七雜八的事，卻把真正重要的事拋在腦後？是否很容易受到各種誘惑？如果你是這樣的人，那麼你很可能已經習慣正向排程了。以當下的觀點來看，覺得所有事情都很重要。另外，比起重要的事情，更可能會選擇先處理感覺比較緊急的事。但是，若以達成目標為基準，回頭看目前的情況，選擇範圍就會大幅減少。人會變得比較容易抵擋誘惑，排除與目標無關的事情，當然壓力也會減少。

在商務領域中，正向排程是指以工作開始時間為基準，推算可以供貨給客戶的日期，確定生產流程。相反地，反向排程則是以客戶希望收到商品的日期為基準回推，針對配送、生產、作業開始的時間等進行安排。

下面以同樣在一年後必須出貨的企業家A與B來比較，A以出貨日期為基準往回推算排程，不時確認還剩多少時間，集中心力做該做的工作；相反地，B認為「從下個月開始就可以了」，打從一開始便拖延，而每當要開始工作時，總是又被其他事情耽擱，結果一直沒有進展。到後來雖然加班趕工，但每次都會發生突發狀況。你認為最後誰會成為客戶信任的合作夥伴？誰成功的可能性更高？

事業成功的人一旦設定了目標，會先確定最終完成的期限，然後掌握這段作業時間的整體距離，反向推算，找出現在需要立即處理的工作。就像運動員會以比賽時間為準來進行訓練，要時時從未來的觀點來判斷現在的行動。另一方面，失敗的人大部分都只是想「只要努力，總是會有收穫」，當下有什麼狀況才行動，這樣一旦面臨緊急情況，很容易路徑就會偏移。因為從現在的觀點來看，「要做的事」和「不用做的事」，兩者界線會變得模糊，感覺所有事情都很重要。

從達成目標的時點開始回推，選擇現在立即該做的事

哈佛大學教授愛德華・班菲爾德（Edward Banfield），為了找出成功和幸福的關鍵而進行了五十多年的研究，他總結表示：「我們社會中最成功的人，就是具備了放眼十年、二十年後未來長遠展望的人。」日本著名管理學大師神田昌典也說：「百分之九十九的人透過觀察現在預測未來，只有百分之一的人是透過觀察未來思考現在應該如何行動。當然，也只有那百分之一的人才能成功。」成功其實一點都不難，關鍵在於培養以反向排程選擇現在行動的習慣。

想要養成反向排程規劃的習慣，就要先從小地方做起，即使是瑣碎的小事，也要用反向排程制訂計畫。例如整理房間，先定下完成的最後期限，再回頭反推，找出在執行過程中必須經歷的階段目標，決定現在立即要做的事。透過以小事進行練習，就會發現

這個方法可以有效應用在職涯管理等重要的事情上。無論是人際關係還是事業，從未來的觀點反向來看，就能明確看清楚現在的狀況。

反向排程三步驟

- **步驟一：**明確了解想要達成的目標和最後期限。
- **步驟二：**確定達成過程中的階段性目標和期限。
- **步驟三：**找出一件與目標有關的事，立即實踐。

有個少年，出生在極其貧困的家庭中，好不容易小學畢業後進入大城市，苦學念到大學畢業。為了實現留學夢想，他大膽寫信給丹麥國王，並附上他的論文。丹麥國王被他感動，因此他成為第一位獲得丹麥公費留學獎學金的韓國人。他進入北歐農業學院（Nordic Agricultural College）就讀，畢業後回到韓國，後來又前往耶路撒冷希伯來大學

（The Hebrew University of Jerusalem）研究所專攻農業經濟。這個人就是韓國早期新村運動[1]的重要人物——柳泰永博士。他確立目標後，就向自己提問：「我想成為校長，那麼我得先成為副校長；要擔任副校長，就要先成為教授；要成為教授就要去留學。那麼，我現在該怎麼做？」就這樣，他留學歸國後擔任大學教授、副校長、校長，以七十多歲的高齡成立「農村青少年未來基金會」，培育青少年領導能力。

另一個很適合比較兩種排程規劃的例子，就是我們的養老準備。假設兩個三十歲的人都預計在六十五歲退休，其中A樂觀地想，如果從現在起每個月從收入中扣除生活費，盡量把剩下的錢都存起來，那麼等到退休後，生活應該不會有太大問題。

而B不一樣。他從三十五年後退休開始設想，推估退休後每個月需要多少生活費，然後反向計算從現在開始應該存多少錢。他估算退休之後，若要維持現在的生活品質，

1 譯註：亦稱「新鄉村運動」是韓國在朴正熙執政的年代所實施一項為期十年的農業改革運動。旨在拉近韓國農村與城市的距離，也使韓國開始走向富強之路。此運動從一九七一年開始正式推行，於一九八〇年四月結束。

每個月最少需要三百萬韓元左右。他進一步委託財務規劃師精算得出的結論是，退休後的三十年間（假設九十五歲去世），每個月的生活費加總起來，總共需要二十三億三千萬韓元。為了先準備好退休後的資金，B決定從現在開始到退休前，每個月必須儲蓄七十五萬韓元（假設稅後收益率為百分之七，每年增加百分之五）。

透過正向排程，想著「只要現在努力一點應該就可以了吧」的A，和運用反向排程，有系統地一步步準備養老金的B，你覺得哪一個人能享有更安全、更幸福的老年生活呢？

反向排程不僅適用於個人生涯規劃或事業方面，還可以用在健康管理、人際關係等生活其他領域。遙想晚年生活若要過得幸福，重要關鍵就在退休後會大量增加與妻子共度的時間，以此反向思考，就會注意現在對待妻子的態度。如果希望晚年不是孤獨、無依，依然能夠與子女相處融洽，那麼現在就應該傾聽孩子今天的辛苦，並安慰他們。離開公司後，如果希望還能與曾共事過的人維持良好關係，現在就要把名片上除了名字以外的職稱、頭銜等都抹去，謹慎判斷應該以什麼樣的表情和語氣對待下屬。只要能發揮反向排程規劃的優點，生活就會變得更豐富多彩。

我的辦公桌前貼了一張很早以前就做好的排程表，那是在二〇〇〇年製作的，左邊寫著二〇〇〇年，最右邊則是預計的退休年度。在退休年度下方寫著〇，然後往左以一年為單位，依序寫上一、二、三、四、五……，同時也在我的退休年度下方記錄該年度兒子和女兒的年齡，分別是三十五歲和二十八歲，然後同樣往左以一年為單位依序遞減。我每天早上開始工作前，都會靜靜地看著那張排程表。先看最右邊的終點目標，再往左瀏覽，最後停在今年，同時思考今天該做些什麼事。在最右邊的退休年度到來之前，或許孩子已經各自獨立、有了自己的家庭；過幾年退休後，我也會離開這個研究室。這麼一想，就覺得時間一點都不能浪費，不管是工作或家庭，我都要努力讓每一天過得更充實。

我打算如果多益成績超過七百八十分，就要報考KATUSA（美國陸軍附編韓軍）。然而在學習了反向排程之後，發現照原本的做法不知道什麼時候才能達成目標。所以我決定在念完二年級後就要報考KATUSA，如此一來，我必須將目標修改為在一年級結束之前，多益成績就要達到八百分。只要一想到如果今年內多益無法達到八百分，我就無法按照計畫報考KATUSA，那麼我就會更努力學習英語。我深深領悟到，只要想法上的一點小差異，就會帶來很大的變化。

十年後你想達成的目標是什麼？為了實現目標，你至今做了哪些規劃？為了達到目標，有什麼是看來微不足道、但是現在應該立刻做的事？

Stop, Think &Action

Stop：具體寫下想要達成的長期目標，以及達成目標的最後期限。

Think：用反向排程來制訂過程中的階段性目標和各自的期限。

Action：為了達成目標，今天立刻可以做的第一件事是什麼？

One More

死後希望留給別人什麼印象？

有一天，老師在課堂上問學生：「如果有一天你死了，你希望留給別人什麼印象？」當然，沒有一個學生能好好回答。老師微笑說道：「其實，我也沒預期現在的你們能夠回答這個問題。但是，如果當你們到了五十歲還無法回答這個問題，那表示這五十年的人生可能白白浪費了。」

這位老師是菲格勒神父，曾教過「現代管理學之父」彼得・杜拉克（Peter Drucker）。杜拉克一生都在探索這個問題，最後在他的著作中揭曉了答案：「我想成為幫助人們設定目標並實現的人。」

在你死後，你希望能留給他人什麼印象呢？我希望成為＿＿＿＿＿＿＿＿的人。

04

制訂 B 計畫，就不怕突發狀況

Back-up Plan

人生會製造突發狀況妨礙我們。

——瑪麗・珍・萊恩（Mary Jane Ryan）

本來打算從今天開始進行早晨慢跑，但是因為下雨，才第一天決心就被打破。所以我就想「算了，不管了」，於是再睡了一會，就這樣睡過頭。我急急忙忙起床，早餐也沒吃，連忙到了公車站，才發現沒帶錢包。結果第一堂課還是缺席了。下午去了圖書館，但沒有座位，於是和朋友去了網咖。沒有找該找的資料，卻玩了兩小時的遊戲。後來好不容易終於在最後一刻完成的報告，卻因為按錯了鍵，瞬間消失得無影無蹤，我完全不知所措。今天一整天真是倒楣到家了，為什麼沒有一件事是順心的……啊，難道這就是墨菲定律嗎？

——整天做什麼都不順的大三學生

墨菲定律，最喜歡沒有對策的人

「我沒想到前面的車會突然停了下來」、「我沒想到會有一個小孩突然從那裡跳出來」、「轉彎時突然有輪胎掉落，所以我情急之下方向盤一轉……」，發生交通事故時，當事人通常都會說「我沒想到會這樣」。在路上隨時都有可能發生突發情況，因此開車時必須「防衛駕駛」（defensive driving）。防衛駕駛是指為了防止事故發生，也避免遭遇事故，在開車過程中預測可能的突發狀況，並迅速應對的駕駛心態。

大部分交通事故，都是因為駕駛人對交通狀況的判斷錯誤和應對不完善而發生的。同樣的道理，在行動的過程中，有人會中途放棄，或人際關係、事業出現危機，通常也是因為沒能好好處理突發事件。如果有人認為生活充滿了墨菲定律，那肯定是因為他沒有預先準備好應對突發事件的對策。

我有一個朋友，他的車開了十多年，看起來卻像新車一樣沒有刮痕。他表示，祕訣就在於防衛駕駛和防衛停車。首先，他在停車時會盡量找旁邊是牆壁或柱子的車位。第二，若必須停在兩車中間，他會選擇停在車頭都朝向車道的車子中間。因為要離開時，直行比倒車的方式更能夠避免擦撞旁車。第三，盡可能停在進口車或高價車的旁邊，因為通常該車駕駛大多具有豐富的駕駛經驗，而且也會擔心自己的愛車而更加小心駕駛。

生活中，無論你有多好的目標、制訂再完善的計畫，偶爾還是免不了會發生意想不到的突發事件。不管是約心儀的對象出去、要求退款、說服客戶或孩子時，常會因為突發情況而挫傷我們的意志。失敗的人不假思索地就去嘗試，一遇到突如其來的挫折就會放棄；而成功的人會預測並提前準備應對可能的突發狀況，最終會獲得更多。資訊人員為了防止突發狀況導致資料消失，會同時準備好備份系統（Back-up System）。同樣地，在行動的過程中，我們也需要提前準備好應對突發事件的對策，就是備份計畫（Back-up Plan），又稱「B計畫」（Plan B）。

既然是可預測的突發事件，就沒理由辯解

在人際關係、業務銷售，或是教育方面的達人，都有個共同點，就是會想到接收到「不」的回答，因此他們會先制訂對策後再嘗試。如果第一個意見不被接受，就可以提

出第二方案；第二方案也可能被拒絕，所以還準備了第三個。成功人士不會期望、也不會想像提出的意見一次就被採納；相反地，失敗的人往往無法預測自己的提案不被接受的情況，又或者應該說是害怕被拒絕，所以連想都不願意去想。因為他們遇到拒絕容易受挫或腦羞成怒，甚至闖禍。當聽到對方說「不」時，我們不該馬上就放棄轉身，或是因為無法控制情緒而面紅耳赤，應該先預想數十種可能被拒絕、被質疑、被忽視的狀況，並制訂相應的對策，只有這樣才能成為最後贏家。

如果你是一個在達成目標的過程中很容易中途放棄的人，那麼就應該練習先制訂強而有力的對策。可以透過以下三個步驟：第一，尋找實現目標的具體執行方案（Plan A）。第二，預測在執行過程中可能會有什麼樣的突發狀況，並條列下來。第三，找出應對各種突發狀況的對策（Plan B），如果行有餘力，最好再想一下進一步的備案（Plan C）。

例如為了減重，設定每週慢跑四次的目標（Plan A），那麼就預先思考可能影響到去慢跑的突發狀況，並制訂相應的對策（Plan B）。「本來想去慢跑，但外面下雨時，就改成去健身房運動。但如果剛好健身房沒開怎麼辦？好，那就在家裡做棒式練核心以及瑜伽吧。」

像這樣制訂了對策再進一步制訂對策，那麼當原本的計畫出現變化時，下一個計畫可立即啟動，就不會很快放棄或怨聲載道了。因為我們已經制訂好對策，當擔心的狀況真的發生時，就可以從容面對：「哈，你果然來了。不過很抱歉，我已經預先準備好對付你的方法了。」

我們無法決定天氣，但當下雨不能外出跑步時，我們可以在大樓或公寓上下樓梯來取代跑步。我們無法知道面試時會問什麼問題，但可以先預想可能的問題並準備好答案。店家無法選擇顧客，但可以先預設萬一遇到無理的顧客時該如何應對。想約心儀的對象出去，但不確定對方會不會答應，可以先設想各種可能的回應，若對方真的拒絕時才不至於太慌亂。我們無法隨心所欲決定會遇到什麼事、什麼人，但可以先預想可能面臨的狀況，以便發生時能從容應對。

來找我諮詢的人，通常都會表達出各種決心，但是大部分都無法堅持，而這些人一般會有兩種辯解方式，一種是稱自己「意志薄弱」或「無可救藥」的內在辯解；另一種是責怪別人或環境的外部辯解。「我本來想忍一忍就算了，但我老公一直胡說八道，我越聽越氣……」、「我本來不想生氣的，但是孩子頻頻頂嘴……」、「我本來要去游泳的，可是好像有點感冒……」、「我很努力戒菸，可是跟老婆吵架心情不好……」。

面對這些人，我經常這樣問：「當你決定實踐你的決心時，有沒有預想到可能的突發狀況，以及該如何應對？」透過這種直截了當的提問，可以阻止他們辯解，好好面對真正的問題。半途而廢的主要原因，或許不是自我意志薄弱或外界的妨礙，而是你沒有好好思考面對突發狀況時的應對之策。

偉大的領導者，某種程度上都是膽小鬼

最高層的經營者、帶領軍隊在戰爭中取得勝利的將領、偉大的政治家等，在某些方面其實都是既霸氣又膽小。他們可以預想到在達成目標的過程中可能出現的所有阻礙，並制訂對策。三星電子在二〇一〇年第一季的業績，獲利比上一季增加了百分之二十

五，達到四兆三千億韓元。與前一年同期相比，銷售額增加了百分之十八．六，利潤增加百分之六百二十八．八，創下了歷史新高。但三星電子會長李健熙卻表示：「現在才是真正的危機。不知道將來三星會變成什麼樣子，因為在十年內，三星的大部分代表性事業和產品都將消失。」他強調，要為危機狀況制訂因應對策。不管是個人或企業，成功者都是爬得越高，越有危機意識，並更加慎重地應對。

歷史上勇猛無比的征服者拿破崙如此說道：「制訂作戰計畫時，我是世界上獨一無二的膽小鬼。我會想像所有可能遭遇的危險和不利條件，不斷重複問自己『萬一』該怎麼辦。」也就是說，想要贏得戰爭，必須找出所有危險因素，並制訂相應的對策，而在制訂對策時，要預想到最壞的狀況。在戰場上，領導軍隊的軍官不僅要有「必勝」的信心，更要隨時有最壞的打算。只有時刻考慮最壞的情況，放大可能的危險，事先做好萬全準備，才能取得勝利。

十九世紀德國鐵血宰相俾斯麥，至今仍被公認為當代最優秀的政治家。政治界可說是充滿了各種妥協、勝利和失敗不斷交替，而他之所以能夠成為最優秀的政治家，就是因為無論對手是誰，在開始協商之前，他總是會先準備好完善的B計畫。

B計畫是為了應對可能妨礙決心的突發事件而制訂的方案，如果B計畫也失敗時該怎麼辦？成功的人預見了失敗的人沒有意料到的事情，幸福的人準備了不幸的人沒有想到的計畫。

B計畫的三個功能

- **可預測性（Predictability）**：如果養成習慣，提前預想可能妨礙計畫的突發狀況，那麼在執行時的不確定性和不安感就會減少。
- **可控制性（Controllability）**：在制訂應對突發狀況對策的過程中，可以增進對情況和自身的控制能力。
- **生產力（Productivity）**：由於對狀況和自我的控制力增加，所以過程中的後悔和損失會減少，成效和滿足感會增加。

預想最壞的情況

為了幫助患有恐懼、不安、憤怒等情緒控制障礙的人而開發的心理治療法中，有一種「壓力免疫訓練」（Stress Inoculation Training），這原是應用在心理諮商中，幫助患者減輕負面情緒帶來的壓力，但是近來廣泛運用在如客服中心、百貨賣場、飯店從業人員或空服員等從事情緒勞動的人身上，來改善其工作壓力。「Inoculation」原意為「預防接種」，為了預防疾病，先將毒性減弱後的病原體注射到人體內，讓免疫系統來對抗疾病。

壓力免疫訓練就像預防接種一樣，先將可能發生的壓力事件輸入大腦，尋找有效的對策，培養在壓力事件真正發生時能夠應對的心理力量。壓力免疫訓練分為三個階段：第一階段是建立對壓力的全面認知。第二階段是提前預測可能造成壓力的狀況，找出緩解的方法並先演練。第三階段就是實際運用。

如果事先預想到出現不好的狀況時，自己會有衝動的反應，那麼就先在心中練習應該如何理性、沉穩地應對，如此一來就能進一步擺脫容易意氣用事的壞習慣。例如戒菸後發現自己會有因為壓力又再吸菸的壞習慣，那就要了解自己會在何時、什麼狀況下導致菸癮又犯了，這就是改變壞習慣的第一步，也就是認知階段。第二階段是預想可能發生的壓力狀況，找出代替抽菸的緩解方法，並在心中進行演練，這被稱為「心理演練」（Mental Rehearsal）。第三階段，就是實際發生狀況帶來壓力時，即按照演練的方式執行。

其實只要在心中演練過，擺脫壞習慣的可能性就會明顯提高。根據匹茲堡大學與卡內基梅隆大學共同進行的研究顯示，如果事先準備好如何行動並在心中進行演練，就會刺激掌管我們行動的大腦額葉皮質。透過心理演練，參與該行動的腦細胞會受到刺激而活化，那麼當狀況發生時，大腦就很可能會按照事先預演的行動來反應，相形之下原本的壞習慣行為就會減少出現。

失敗的人會尋找長長的藉口，他們沒有預想到自己可能會面臨什麼突發狀況，也沒有對策。而成功的人勇於挑戰卻不盲目冒險，也不會一遇到危險就逃避。他們會在所有人都認為不可能的事當中尋找可能的信號，在所有人都樂觀看待的時候，也能探測到預示災難的細微徵兆，並準備好對策。

你曾大膽挑戰，但因為遭遇意想不到的事而放棄了嗎？有沒有什麼計畫是你遲遲不敢開始的？你有沒有屬於自己獨到的對策呢？

Stop, Think &Action

Stop：為了達成目標，尋找一個必須實踐的決心。

Think：預想一些可能讓決心無法付諸實踐的突發狀況。

Action：針對可能發生的突發事件制訂對策以及備案的B計畫。

One More

如何將成功率提高到百分之九十九

網路科技界大師李開復在蘋果（Apple）工作時，某天與當時的執行長約翰·史考利（John Sculley）一起上了美國最受歡迎的節目《早安，美國》，展示最新開發的語音識別系統。

在錄影前一天，史考利問道：「成功的機率是多少？」李開復回答：「大約百分之九十。」史考利又說：「嘗試將成功率提高到百分之九十九。」第二天，李開復告訴史考利，測試成功率為百分之九十九。史考利說：「辛苦了。想必昨天為了調整系統花了很多心力吧？」然而李開復卻說：「其實今天的系統和昨天沒有什麼差別。」史考利大吃一驚：「那你說百分之九十九的成功機率是什麼意思？」李開復這樣回答：「成功機率是百分之九十九沒有錯。我準備了兩臺電腦，如果一臺出問題可以換另一臺。一臺電腦失敗的機率為百分之十，兩臺電腦同時失敗的機率為百分之十乘以百分之十，也就是百分之一，所以成功機率是百分之九十九。」李開復僅透過增加一臺電腦的B計畫，就將成功率從百分之九十提高到百分之九十九。（李開復，《做最好的自己》）

有什麼突發情況會妨礙你的決心？面對需要提前準備的突發情況，你的B計畫又是什麼？

05

昭告天下，那就非做不可了

Public Commitment

越是公開自己的意見，就越難改變。

——庫特．莫滕森（Kurt W. Mortensen）

父親被解僱了。雖然我應該打起精神用功念書，卻仍長時間沉迷於遊戲。我天天都在心裡想「不要再玩遊戲了」、「快用功念書」，但是無論如何下定決心，最多都無法超過三天，我的手又不知不覺打開電腦。到底該怎麼做，我才能真正打起精神來呢？

——想打起精神用功念書的高一男生

想讓自己難以反悔，就昭告天下吧

決心會不了了之的重要原因之一，就是這個決心只是默默藏在心裡。《聖經》寫道：「不要讓左手知道右手所做的」，意思是為善不欲人知，但是若想要實踐決心，不只要讓右手知道左手所做的事，更要讓全世界都知道。

昭告天下後，真的有助於實踐決心嗎？心理學家史蒂芬．海耶斯（Steven C. Hayes）對大學生進行的一項研究發現，公開目標的學生會獲得更好的成績。他將參與研究的學生分為三組，要求第一組對外公開自己想得到的目標分數；第二組則只把目標放在心裡；對第三組則沒有任何要求。結果顯示，公開發布自我決心的第一組，最後成績明顯高於其他兩組。把目標藏在心裡的人，與根本沒有設定目標的人，最後結果並沒有太大的差異。祕而不宣的目標，等於沒有設定目標。

心理學家莫頓．多伊奇（Morton Deutsch）做過一個實驗，他將學生分成三組，讓他們估算一條直線的長度。第一組學生把自己推估後的長度寫在紙上並交出去；第二組學生將自己的推測結果寫在白板上，並在別人看到之前擦掉；第三組學生則把自己的想法放在心裡。然後再告訴所有學生他們的推測值都是錯的，藉此來觀察學生態度的變化。

實驗出現戲劇化的結果。把推測值放在心裡的學生，毫不猶豫修改了自己的想法；把推測值寫在白板上的學生，則堅持自己的答案。由此可以得到一個結論，人如果把自己的想法用言語或文字公開後，就不容易再改變，這就是人心。

甚至只是一句單純的「Yes！」，人們也會對這句話負責。有個人帶了收音機到海灘，暫時把收音機放著人就離開了，結果另一個人經過把收音機偷走。在海灘上目擊的人們會有什麼反應呢？如果收音機的主人沒有告訴任何人，只是自己一聲不吭地離開位置，那麼只有百分之二十的目擊者會阻止竊賊偷走收音機。但如果收音機的主人在離開前拜託旁邊的人「請幫我顧一下我的東西」，並得到「Yes！」的回答，那麼會有百分之九十五的目擊者會去追小偷，把收音機奪回來。

人們如果用言語或文字公布了自己的想法，就比較會堅持到底，這稱為「公開承諾效果」（Public Commitment Effect）。不過，為什麼一旦公諸於世之後就不容易反悔呢？

首先，因為言語決定我們的行動。如果反覆說「我喜歡學習」，就會在不知不覺中判斷自己是一個喜歡學習的人，有了喜歡學習的自我認同（Identity）後，就會促使自己努力學習。人們透過自己的言行來判斷自己的態度，而態度又會決定行動。因此只要改變言語，行動也會不同。

第二，因為不想受到否定的評價。我們會批評言行不一的人是「表裡不一」、「不負責任」，甚至還會烙上「雙重人格」、「精神異常」的烙印。相反地，對於言行一致的人，我們會覺得他是「可信賴」、「說到做到」、「責任感強」的人，給予正面評價。

第三，可以減少壓力。如果言行不一致，人會陷入認知不協調狀態，造成壓力。因此，人會傾向讓自己說的話和行動一致，達到和協的狀態，以減少壓力。這就是「認知失調理論」（Cognitive Dissonance Theory）。

向別人公開決心有助於實現目標，還有另一個理由，就是當在執行途中遇到困難，想中途放棄時，那些已經知道自己目標的朋友或家人可以提供幫助。遭遇困境時，人的心最容易動搖，這個時候若相信身邊有人可以提供支持，這個想法本身就是很大的幫助。普利茅斯大學教授席夢・許納爾（Simone Schnall）在一項研究中找來一群人，讓他們走上坡路，並請他們推測坡度及說明爬坡的難度。結果顯示，與朋友一起爬坡的人所估算的坡度，比單獨爬坡的人低了百分之十五。同時普遍認為與朋友一起爬坡，似乎沒有那麼辛苦。因此，與他人分享決心或目標，可以幫助自己更確實去執行，因為彼此會成為監督者和支持者。

只把決心放在心裡的原因

想要將決心付諸實踐，最好的方式就是告訴別人。但是為什麼大部分的人還是習慣把決心放在心裡呢？

第一，他們不知道公開承諾效果的威力，或者認為個人的目標或決心不應該對外公開。因為傳統觀念認為，那些嘴巴說得好聽，習慣把自己的大小事都說出來的人，通常都是某些地方不足或不成熟的人。

第二，為了取得意外的效果。例如有些學生在學校會表現出愛玩的樣子，讓別人以為他不愛念書，但回到家卻是犧牲睡眠、努力用功，在考試時取得出乎意料之外的高分，讓其他同學大吃一驚。

第三，因為害怕。很多人都害怕如果公開自己的決心，萬一中途放棄了，會顏面掃地，遭到他人的風言涼語。如果只是自己默默下定決心，那麼即使失敗了也不會有人知道。但也因為這樣，那些只放在心裡的決心，很容易因為遭遇困難而被當作沒發生過，就這樣消失了。

公開承諾效果不僅適用於成年人。心理學家威廉．沃德（William D. Ward）發現，公開承諾對孩子也具有強大的作用。他找了一群幼兒園的小朋友，讓他們選擇在工作臺上玩還是玩洋娃娃，並把決定告訴大家，接著觀察孩子玩耍的狀況。結果發現公開表達決定的孩子，就像會對自己說的話負責的大人一樣，以自己選擇的方式玩耍。

所以如果希望孩子能自己主動去念書或打掃房間，就不要單方面命令或催促孩子。可以想辦法讓他們公開宣布決心。如果希望孩子與朋友好好相處，就不要用訓斥的方式叫孩子不要吵架、不要亂發脾氣，不如找個機會讓孩子公開宣告他的決心吧。

利用外力來自我控制

世界拳王阿里曾有面對不想遇到的對手的經驗。他在自傳中公開自己的祕訣：「這種時候，我會先公開宣布我一定要打倒對手，而且為了遵守約定，我會找來實力強大的練習夥伴，瘋狂地練習。」因此，他成為歷史上最偉大的拳擊手。自我控制能力和執行力突出的人，會利用外部力量來控制自己。公開承諾就是利用外力最有效的方法之一。不過，為了擴大公開承諾的效果，有幾個重點需要考慮：

第一，要盡可能向越多人公開越好，公開範圍越廣，實踐的可能性就越高。舉例來說，電視上曾介紹過在慶尚南道南海有一個村莊宣布要成為「戒菸村」，幾個月後，記者再度前來，訪問是否戒菸成功？一位老爺爺說：「全國都知道我們要成為戒菸村了，怎麼可能去別的地方抽菸呢？」如果想成功實踐自己的決心，就應該特別在想展現好的一面的對象面前公開宣布，因為在他們面前會更想為自己說的話負責。

第二，要反覆公開。以下是某位讀者寄來的郵件內容。如果公開宣布的次數多，推翻決心的可能性就會越少。

雖然博士不認識我，但我在四、五年前就聽過博士的演講。從月薪九十萬韓元的講師時期開始，就像博士書中所寫的那樣，我總是對周圍的人說：「我一定要讓我的補習班成為最好的補習班。」這句話就像吃飯一樣不時掛在嘴邊。同時也常常說：「為了達成目標，我要比別人早上班、晚下班。」這麼做的結果，我覺得自己似乎也被催眠了。如今，我已成為年薪破億、本地最大的補習班經營者。如果不是當初反覆向周圍的人承諾，現在我可能不會有這樣的成就。

第三，如果想要得到意外的效果，就要尋找積極的方法。曾有一位讀者說減肥簡直比死還難，詢問我該怎麼辦才好。我對她說，如果能運用他人的控制力，就會發現減肥並不是那麼難的事，同時也告訴她公開承諾的效果。不久後，我收到以下郵件。想得到出乎意料之外的效果嗎？那就試試積極的方法吧。

收到教授的回信後，我便向我的組員公開宣布，如果我在一個月內無法減掉兩公斤，我的午餐就改吃狗糧。同時我也拜託他們絕對不要引誘我吃零食。經過三個月，我的體重足足減了十公斤，現在我的目標是從L尺碼變成M尺碼。因此我又在晨會時間在同事面前宣布，今年之內一定要穿上M尺碼的衣服，腰圍還要減到二十六吋。每當難以抵擋食物的誘惑時，我都會在心裡吶喊：「我不是小狗！」

第四，如果想確實執行，就多找一些公開的方法。若決定戒菸，就不要害羞，請周圍的人協助。與人交談時，刻意提到「最近決定戒菸……」，以這樣的方式在對話中加入決心的內容。想養成閱讀的習慣，那就自告奮勇約定在下次朋友聚會時發表讀後感。想減輕體重，那麼每週一次，在社群網站上公布體重的變化。就算追蹤者不多也沒關係，只要做到將決心公諸於世，就可以減少半途而廢的可能性，提高執行力。可以透過訊息、電子郵件、臉書等向朋友展現決心，請他們時不時問一下「減肥成果怎麼樣啦？」

第五，公開承諾之餘，也要明確說明沒有做到時應付出的代價。「我看哪天我也來試試看戒菸好了。」如果這樣說，總是可以隨時逃避，應該要像這樣做出無法反悔的明確承諾：「我從今天開始戒菸。只要違反承諾抽一根菸，我就捐一千萬韓元給我最討厭的政黨。」必須具體宣布決心，並提出未能遵守時應付的代價，才能鞭策自己。

我到戒菸門診掛號決定戒菸了。在進去之前，我抽了最後一根菸作為離別的宣告，並把其餘還沒抽的菸全都扔掉。就像和情人分手一樣，心裡很難過。那天，我發了訊息給所有認識的人：「我是〇〇〇。從今天開始，我決心要戒掉已經抽了二十六年的菸。請各位一起監督。如果看到我抽菸，就可以向我索取十萬韓元。」在家中客廳牆壁上也貼著這樣的內容：「我戒菸了」。到現在已經過了六個月，我沒有再抽過一口菸。」

如果想隨時中止自己的決心，那你可以偷偷實行，不要讓任何人發現就好。但是，如果想確確實實地執行以達成目標，就要公開承諾，尤其是容易被推翻的決心，要讓越多人知道越好。想一想，你有什麼目標是一定要實現的呢？那就昭告天下吧。

Stop, Think &Action

Stop：想一想，自己每次下定決心，卻未能付諸實踐的事。

Think：為了達成目標，應該向誰、如何公開？

Action：如果沒有遵守承諾，要付出怎樣的代價？

One More

一日不作，一日不食

以一生刻苦艱難修行而聞名的百丈懷海禪師，制訂了禪宗從生活、儀式到信仰上種種必須遵守的紀律，也就是《百丈清規》。百丈懷海禪師一生親自實踐「一日不作，一日不食」，即便是成為了方丈，仍然每天勞動。他到九十高齡仍像其他人一樣工作，弟子看到後不忍心，悄悄地把他的農具藏起來，懇請百丈懷海禪師休息。然而他說：「我無德，怎麼能看著別人辛苦呢？」同時到處找農具。找不到，他就一整天不進食。他親身教導弟子，即使是修行者，如果沒勤奮工作，就不該吃東西。他的精神和思想成為勞動與參禪合一的禪宗修行準則，像這樣坐禪修行和勞動生產併行，後人稱為「農禪」或「農禪兼修」。

想一想，你有什麼決心只是一直想著卻未實踐？有什麼決心是值得公開承諾，如果未能遵守就一天不吃飯？

06

找出沒有人能阻止的迫切理由

Self-Motivating

人們常在尋找數千個無法做自己想做的事的理由，但實際上他們只需要一個可以去做的理由就夠了。

——W. R. 惠特尼（W. R. Whitney）

我從大學休學了，正在準備公職考試。九月的考試成績揭曉，我落榜了，接下來還有明年三月，但是我覺得自己似乎還是不行。我現在不知道當初休學的決定是否正確，也不知道是不是因為覺得時間還很多所以不夠積極。總之，我不知道問題出在哪裡。雖然知道不應該，但比起念書，我的腦海裡想男朋友、想其他事情的時間更多。我好想改變。

——正在準備公職考試的二十多歲女大生

想改變卻不實踐的原因

既然想改變，為什麼不去做呢？如果對目前的生活不滿意，就應該先找出自己為什麼會這樣生活。為了準備考試都休學了，結果還是落榜，為什麼沒有用盡全力？因為時間還很多？因為沒有幹勁？因為想男朋友？不，事實是因為這些都還可以忍受，沒有痛苦到無法忍受的地步。真正原因是還沒有找到迫切渴望的目標。

國際巨星 Rain 在某次受訪中，回憶起自己出道前最後一次參加選秀。「當時我就像站在懸崖邊，再也沒有退路。因為母親的醫療費拖欠已久，我連車錢都沒有，還有個妹妹年紀小需要照顧，所以我必須做點什麼。如果我是老鼠，即使必須對抗擋在我面前的貓也要奮力跑出去，因為我已經無路可退、無處可躲。如果這一次又落選，那我真的無處可去了，這種迫切感，讓我一刻也不敢休息，連續跳了五個小時的舞，就這樣通過了試鏡。」

他雖然落選了十八次，但因為「如果這次不行，就沒有退路」的想法，讓他沒有放棄。通過試鏡對他來說是非常迫切的事，當時的狀況讓他無法想其他的事。即便已經成為世界巨星的現在，他仍然沒有忘記初衷，每一次都用盡全力，以「不成功，便成仁」的心態進行活動。

如果想完成什麼目標，就不能只是茫然地想「試一試」，必須找到「為什麼要這樣做」的迫切理由。當情況變得迫切時，我們的選擇就會瞬間變得簡單，因為沒有辦法多想，唯有盡力去做一途。只要那個迫切的理由在我們心中站穩腳跟，那麼擺脫其他造成阻礙的誘惑就會變得容易多了。無論目標是什麼，只要找出迫切的理由，以迫切的心情投入，目標就可以說是達成一半。如果有什麼想做的事卻遲遲尚未行動，那是因為還不夠迫切，那件事在自己心中還未成為最優先順位。

對自己處境不滿意的人都想改變，但是真正去實踐的人卻少之又少。經歷痛苦卻無法改變的人，到底是為什麼不行動呢？那是因為現在並不是最痛苦的時候。雖然多次嘗試，每次都失敗，但那些失敗帶來的痛苦強度還不夠大。人是頑強的動物，如果沒有足夠的痛苦，就不會迫使自己進行改變。大部分的人都是這樣，但有一群少數成功的人卻不同，他們在受到外界的痛苦衝擊之前就改變行動。因為他們知道，如果不先改變，日後就會引發痛苦，因此先把自己推向迫切的情況。這就是「自我激發」（Self-motivating）能力。

改變必須有兩個理由

想要改變，必須具備以下兩個理由：第一，要有必須擺脫目前狀態的迫切理由；第二，要有一個不管發生什麼事都要實現目標的理由。想改變卻沒有行動，這代表現在的情況還不夠迫切，心中也沒有迫切想要的東西，在這種狀態下絕對不可能成功改變。韓劇《學習之神》中有這樣一句話：「享受學習的人會比努力學習的人做得更好；但是你知道什麼人會比享受學習的人做得更好嗎？是迫切的人，因為有著除了學習之外別無他法的『迫切理由』，所以今天才能站在這樣的位置。老實說我也不喜歡學習啊。」無論是念書還是減重、創業，如果不想半途而廢堅持到底，就必須找到迫切的理由。而且，當歷經千辛萬苦達成目標時，必須有個讓人迫切想要的報酬。什麼事都一樣，如果抱持「做也行，不做也罷」的態度，絕對不可能取得出眾的成果。

尼采這樣說道：「一個人知道自己為什麼而活，就可以忍受任何一種生活。」能找出達成目標的迫切理由，就無論如何都會找到實現目標的方法。如果想把書念好、想改善經濟狀況，你就得找出一個迫切的理由趨使自己行動，將自己逼到絕境。把尚未改變的習慣與無法忍受的痛苦連接起來，將新的行為與令人憧憬的巨大報酬連接起來，就能有效地改變行動。

自我激發三步驟

- **步驟一：**尋找想改變的習慣或想要實踐的決心。
- **步驟二：**生動地想像在尚未改變時會經歷的可怕情況。
- **步驟三：**再想像實踐決心後發生的積極變化，並制訂執行計畫。

想到衍生效果，就不能放棄

「一定要做這個嗎」、「如果不做會造成什麼不好的後果嗎」。大部分人在進行中的事情遇到困難，覺得難以繼續時，常會這樣自言自語然後中途放棄。不過你以為只有一般人才會這樣嗎？愛迪生在失敗了一千次後仍未放棄，最後成功發明了燈泡。難道愛迪生從來沒有想過要放棄嗎？當然不是，他也因持續的失敗而想放棄，但最後還是堅持了下來，因為他知道燈泡的發明並不是結束，而是另一個開始。

發生了一件事，接著又因此而發生大大小小的事，這種現象稱為「衍生效果」（Derivative Effect），尤其是發明或技術上的新進展，不僅對個人生活，對整個社會都可能帶來明顯的變化。社會學家威廉．奧格伯恩（William Ogburne）就指出，廣播的發明帶來的社會變遷超過一百五十種。在無數次的失敗中，讓愛迪生能夠堅持下來的就是「衍生效果筆記」，每當想要放棄時，他都會用文字整理夢想實現後可能產生的衍生效果，寫在筆記本上。如果關於燈泡的想法可以整理成一頁，那麼關於發明燈泡後的衍生效果或許長達九頁。類似這樣：

「如果我製造出實用、耐久性強的燈泡，那麼美國所有家庭、工廠、辦公室、大樓、農場都可以用我發明的燈泡取代油燈或煤氣燈。不過那樣會需要很多電，那麼我可以再製造發電機銷售。最初人們或許只會使用燈泡，但一旦開始供電，他們就會購買其他各種電器，以減少勞動力並提高效率及產能。而我將發明這些電器。所有產品不僅在美國銷售，還可以外銷到北美、南美、歐洲、亞洲……到全世界。」

如果當初愛迪生認為只賣燈泡就結束了，那麼他能否承受在發明過程中經歷的無數次失敗呢？每當因屢次失敗而感到想放棄時，他都會翻閱筆記本中燈泡發明後的衍生效果。然後思考，如果現在放棄，不只是放棄這一個目標，而是連實現後的眾多衍生效果也一併放棄了。因此在無數的失敗中，他堅持了下來，最終成功發明了燈泡。當我們在追求大大小小目標的過程中，可以找出目標達成後的衍生效果，這會是戰勝痛苦和挫折的重要動力。

「衍生效果筆記」的三大效果

- **讓事情變得有趣：**透過想像以後可能產生的成果，你可以把必須要做的事變成像玩遊戲一樣。
- **有動力：**想到達成目標後不僅有立即的報酬，還有衍生效果帶來的長期利益，就會讓人堅持下去。
- **感到自豪：**看到別人中途放棄，而自己努力到最後，會為自己感到驕傲。

我們的衍生效果，並不一定要像發明燈泡的衍生效果一樣重要。如果在丈夫開口之前，妻子就提議幫公婆辦個熱鬧的生日派對，會產生什麼樣的衍生效果呢？即便是提早出門，享受在空無一人的辦公室獨處片刻的小習慣，由此帶來的衍生效果，很可能讓你在幾年後擁有與他人不同的成就。如果了解到早上起床給伴侶的溫暖目光，對夫妻生活產生的衍生效果有多大，相信離婚率就會減少，夫妻感情也會更和諧。如果能預想到隨手對同事的小小舉動可能會引起廣泛迴響，那麼相信職場氛圍會完全不同，工作效率也會提高。

光想卻無法好好實踐的人，總是有數千種無法執行的理由，但他們真正需要的，只是一個迫切去做的理由。即使是二十多年來都改不了睡到日上三竿習慣的人，若心儀的對象邀約一起晨間運動，那麼相信他一定會天天早起。只要找到必須去做的理由，就算再怎麼不願意，也會硬著頭皮去做。梨花女子大學教授崔載千（音譯）曾在採訪中說過：「一旦領悟了為什麼需要念書，當有人阻止你學習時，會感到很難過。過去我也曾經是極度討厭念書的學生。」因此不論什麼事，只要找到做那件事的正確理由，執行就會很容易。

那些不放棄堅持到底而成功的人，他們的共同點是當其他人拚命尋找「做不到」的藉口時，他們找到的是一個「必須做」的迫切理由。

你有什麼必須實踐的決心嗎？必須實踐的迫切理由是什麼呢？

Stop, Think &Action

Stop：尋找那些因為還可以忍受，所以尚未改掉的壞習慣。

Think：選擇其中一個，想想看若不改掉會衍生出哪些負面效果。

Action：做一件可以改變那個壞習慣的事，並想像改掉之後可能帶來的積極衍生效果。

One More

有誰會知道呢？

西斯汀教堂是一四八一年建於梵蒂岡的教皇專用禮拜堂，也是現今舉辦教宗選舉的場所。一五〇八年，米開朗基羅應教宗儒略二世的命令，在該教堂畫出不朽名作「創世紀」。他每天關在教堂內，足足有四年時間，都是仰著頭，幾乎以躺著的姿勢在天花板作畫。據說，因為太習慣這個姿勢，有一段時間連讀信也是把信紙高舉，仰著頭閱讀。

有一天，米開朗基羅一如往常坐在天花板下的工作臺上，仰著頭在天花板的角落專心作畫，一個朋友問他：「在看不見的角落那麼用心作畫有什麼用？又有誰會知道呢？」米開朗基羅聽了回答說：「我知道！」

不管有沒有人注意、有沒有人會知道，米開朗基羅依然使出渾身解數，在看不到的每個角落用心作畫。你是否也有像米開朗基羅一樣，即使沒有人知道，單純只是因為「我喜歡」而投入的事呢？

第二章

行動

立即採取行動

所有偉大的成就，都是透過行動實現的，
如果不行動，什麼都不會改變。

Taking
Action

07

立即行動的最佳時機就是現在

Now & Here

不要責怪那些需要時間做決定的人，真正要譴責的應該是做了決定後仍需要時間的人。

——塩野七生

教授，您聽過「應試準備七階段」的笑話嗎？「第一階段：先回家↓第二階段：吃晚飯↓第三階段：肚子太飽必須休息↓第四階段：看電視↓第五階段：熬夜用功↓第六階段：明天早點起床再用功↓第七階段：完蛋了（哭哭）。」這簡直和我一模一樣，我通常會達到第五階段。心想著今天就放鬆一下，明天早上再開始努力運動；今天就盡情地吃，明天再開始減肥；平日太忙，週末再打電話回家……每件事都這樣。該做的事情不做一拖再拖的可怕疾病，到底要怎樣才能治得好呢？

——得了「明天再說」拖延症的大二男生

為何新年目標通常都是三天打魚、兩天曬網？

既然做了決定，為什麼總是要往後延呢？新的一年開始，許多人總會滿懷希望訂下目標，但為什麼不久後悄悄化為烏有呢？最大的理由就是在我們心裡存有強烈不想去做的動機。

「等吃完飯再做」這句話中隱藏著「現在不想做」的強烈排斥心理。「明天早一點起床看書」這句話中隱藏著「今天絕對不看書」的強烈意志。「新的一年我要戒菸」真正的意思是「現在還不想戒菸」。「從結婚紀念日開始我要減肥」其實是「到那天為止我要盡情吃到撐」的另一種表現。將決心往後推到特定的時間、特別的日子，從表面上看來似乎很想改變，但內心其實一點也不想改變。因此，如果時間越來越近了，決心就會被往後推到明天、明年。

習慣拖延的另一個重要原因，是因為同一件事會隨著時間推移而感受到不同的難度。現在並不想看書，但感覺吃過晚飯後再念書似乎比較好。現在馬上就戒菸很難，但如果從新年度的第一天開始戒菸，感覺似乎比較容易。同一件事根據時間的不同，實踐的難易度也會不同，這種現象稱為「時間不一致性」（Time Inconsistency）。因此，日後要實踐的計畫才是宏大的，當下即使是再小的事情也很難馬上做到，於是行動總是被一拖再拖。

我們難免都會對眼前該做的事拖拖拉拉，把曾經堅定的決心悄悄推到後面。愛爾蘭劇作家蕭伯納（George Bernard Shaw）不負其「幽默大師」的盛名，預先為自己寫下這樣的墓誌銘：「我就知道無論我活多久，這種事總是會發生！」

他生前為什麼會留下這樣的墓誌銘呢？是不是因為他也和我們一樣，習慣拖拖拉拉，把重要的事情往後推呢？也許他就是為了避免拖延，所以才想出如此異想天開的墓誌銘。因此，蕭伯納在年邁之際仍不間斷地執筆寫作、演講、參與社會運動，比任何人都活躍，最後以九十四歲高齡辭世。

百萬富翁的回覆速度也不同

如果沒有什麼例外狀況，通常我都會迅速回覆郵件。某天，一位讀者收到我的回信後，又寄來以下的內容：

教授，感謝您迅速回覆，幾乎是像用通訊軟體對話一樣，沒想到您這麼快就回信給我。讀著您的信，我突然有這樣的想法：這位作家看起來好像很清閒。真抱歉^^。透過這件事我領悟到一個重點，我之所以會覺得生活得很辛苦，可能就是因為反應的時間太慢，凡事拖延可說是我的特長……。

日本知名經營顧問本田健，為了研究有錢人的生活習慣，從日本國稅廳的繳稅大戶中，找了其中一萬二千人進行問卷調查，結果發現一個有趣的特點，就是收入越高者，回覆問卷的時間就越早。難道是因為有錢人都很閒嗎？不。是因為他們透過經驗知道，既然是要做的事，那麼盡快處理對各方面都有好處。因此在忙碌的日常生活中，也習慣迅速做出決定。根據調查，有錢人不但快速回覆與工作有關的信件或電子郵件，而且只要接受幫助，就會立刻寄出感謝函。

迅速回應，在任何情況下都能獲得人們的好感與信賴。因為當你迅速回應時，對方會覺得自己受到尊重，對你產生信任。許多人認為，如果隔了很久才接到對方回電或回覆訊息，甚至是沒有回覆，通常會有被無視或受侮辱的感覺。

不過實際上，即使是凡事處理明快的人，若遇到討厭的人提出要求，也會故意拖延；若是喜歡的人，反應速度則會比平常更快。因此，既然是要做的事，最好速戰速決。速度是使自己與眾不同的最有效方法，也是預測自己能獲得優勢機會的最可靠指標。迅速處理該做的事情，不僅能展現對對方的尊重，對自己也有幫助，這有幾個原因：

第一，能更有效率地完成重要的事。迅速處理好，就可以從腦海中刪除已完成的事項，就像關閉占用電腦CPU的程式一樣，那麼其他重要事項的處理速度也會加快。第二，生活變得更自由。如果把該做的事情往後拖延，那麼就會在腦中時時想起，直到事情處理結束為止，其他事也會一直受到影響。第三，可以獲得更多想要的東西。因為迅速回應，可以得到他人的信賴，贏得好感，生活自然會更精彩。無論做什麼事情，速度都是確保優勢地位的重要因素。因此，能立即處理的事應盡可能立即處理。

暢銷書作家保羅·麥肯納（Paul McKenna）為了找出富人的成功之道，採訪了包括維珍集團總裁理查德·布蘭森（Richard Branson）在內的眾多富豪，整理出六點成功的策略，其中第五個就是「迅速」。成功的企業家大部分只要有了新的構想，就會在二十四小時內實行。我們也可以養成下定決心後二十四小時之內採取行動的習慣，例如買了書，就要在二十四小時內至少閱讀一個章節；全部看完後，在二十四小時內把內容分享給別人。不管用什麼方式，都要在二十四小時內邁出第一步。

此時不做更待何時？行動沒有所謂最好的時候

凡事拖延是不幸福的人的共同點。他們總是把「以後」、「明天」、「總有一天」掛在嘴邊。「現在不想做，以後再說吧」、「今天太忙了，明天再做吧」。現在還不是時候，所以把行動的時間一再往後推，等新的一年開始、等生日那天開始、等結婚紀念日再開始。新的開始，其實並沒有所謂最完美的時機。守護天使不會在新年的第一天降臨，魔法也不會在生日那天顯現。沒有哪一天是戒菸最好的日子，也沒有哪一天是最適合學習的日子。最佳實踐的日子就是「今天」，最佳實踐的時間就是「現在」。沒有比現在更好的時機去展開行動，實踐決心。所以不要再想要從某個特別的日子開始戒菸，今天、現在就馬上行動吧，把這一天變成那個特別的日子。

人生中最具破壞性的詞語就是「以後」；最具生產性的詞語是「現在」。覺得過得很辛苦、很不幸的人習慣說「明天再做」；成功、幸福的人會說「現在就做」。「明天」和「以後」是失敗者用的詞語；「今天」和「現在」是贏家會說的話。比別人取得更多成果、更快升職、收入更高的人，具有什麼樣的特質呢？就是將決心付諸執行的「行動導向」。

曾任美國大陸航空首席營運長（COO）、帶領公司起死回生的葛瑞格．布藍諾門（Greg Brenneman）表示，他之所以能達成目標，都是因為行動導向。「我們行動起來，從不回頭看，所以才拯救了大陸航空。」尼得科（NIDEC，舊名日本電產）以「立刻做」、「一定要做」、「做到成功為止」為口號，從農村的小企業開始，成長為擁有一百四十個子公司的龐大集團。組織行為專家、美國史丹佛大學教授傑佛瑞・菲佛（Jeffrey Pfeffer）也認為，取得卓越成果的個人和組織，最重要的特質就是行動導向。

廣告史上最出色的廣告之一，就是耐吉（NIKE）的「Just Do It」。在一九七〇年代，當時全球最知名的運動品牌是愛迪達（adidas）。但是有幾個年輕人一起成立新的運動鞋品牌，想挑戰愛迪達。雖然周圍的人都勸阻他們，認為不可能成功，但他們當中有人堅持再試試看。後來推出了「Just do it」為口號的廣告，這個廣告讓耐吉的市占率從百分之十八激增至百分之四十三，成功擠下愛迪達成為世界第一的運動鞋製造商。

如果想提高執行力，想提高成功的可能性，就不要計較太多，現在就應該做一些與目標有關的事。我想起有一次與妻子發生爭執，持續了好幾天的冷戰狀態。雖然表面上假裝若無其事，但表情實在隱藏不了。念中學的女兒悄悄走近，在我耳邊說：「爸爸，不要計較了，快點先說對不起吧！」多虧女兒推了一把，當天晚上我們家終於重新找回了和平。孩子有時會成為我們的老師。

一個學生曾這樣問我：「教授，怎樣才能像您一樣早上輕輕鬆鬆就起床呢？要我那麼早起真的很累。」我說：「只有一個辦法，就是『猛然』站起來』。」我把這個稱為「猛然技術」。想得太複雜，顧慮這、顧慮那是無法起床的。當你認為應該起床時，就要像聽到「砰」一聲槍聲後往前衝的賽跑選手一樣、像聽到導演喊「Action！」就立即投入角色的演員一樣，猛然站起身就可以了。

在現在的位置上，做自己能做的事

改變最大的絆腳石是「以後和其他地方」；成功最實在的墊腳石是「現在和這裡」（Now & Here）。而且，反正是必須要做的事，就先做不想做的事吧。先去接近抱怨的顧客，讓他們消消氣。如果失誤了，就趕緊認錯道歉。如果無法送朋友生日禮物，就寫張卡片或信件。如果沒能及時當面道謝，現在就打電話。如果很久沒做健康檢查，今天就立刻預約吧。

很多人問我如何寫作，我的回答都一樣，就是先寫再說。立刻先暫定一個題目，哪怕只是一句話也好，想到就馬上寫下來。即使只寫一行，但在這一瞬間你已經開始寫作了。我在二十多年前也是這樣開始寫作的，雖然知道文筆並不成熟，但還是一行一行地寫，寫好後寄給當時最暢銷的出版社。不過結果當然是被拒絕了，但我也同時展開了寫作生涯。

如果不知道怎麼走，就趕緊問路。如果要學鋼琴，現在就打電話到音樂教室詢問。如果決心要運動，就從現在所站的位置開始伸展、以走樓梯代替搭電梯。如果想理財，就立刻搜尋理財相關報導並一一閱讀，最起碼去銀行開個帳戶也好。如果有心儀的對象，就上前打個招呼。如果想取得成就，不管是什麼，就從現在開始行動吧。

若想買車，現在可以做的是調查車種和價格，也可以到展示中心試乘。為了考上理想的大學，雖然不可能每天念二十小時的書，但今天可以先去心目中的學校看看。攝影師查克・克洛斯（Chuck Close）就說：「不要等著靈感湧上心頭。」因為最好的想法都是在工作的過程中產生的。雖然很多人會說沒有靈感，所以寫不了文章，但事實上是因為不寫，所以才沒有靈感。雖然很多人說還沒準備好，所以無法開始，但實際上大多數都是因為不想開始，所以才沒有準備。

要不要念書？該不該告白？要不要去旅行？當你猶豫著「做？還是不做？」時，就做吧。當你遲疑著「去？還是不去？」時，就去吧。後悔無論多早都已經太晚，而開始無論多晚都不會太遲。有想做的事現在就去做吧，就算會半途而廢，起碼已經開始了。一個月之後，你會對結果感到意外；說不定一年之後，你會被自己嚇暈。

以下是一位上班族在聽完我演講之後寄來的郵件內容：

老師不是說過，反正是要吃的青蛙，就不要再一直盯著看了。我也是經常制訂了計畫，卻沒有好好實踐，腦子裡總是有很多想法，結果沒有一件事做得好。早上進了辦公室坐在座位上，看著那些等待著「實踐」的重要工作，全都像是難以吞嚥的青蛙，所以避開視線做其他不重要的事，於是青蛙就會在我身邊走來走去。從現在開始，反正都要吃青蛙了，就決定先吃大的。最近我意識到，為了日後想成為（Be）什麼，現在必須得做（Do）點什麼，所以每天都在實踐一些事。上班第一件事就是在便條紙寫上「今天要做的三件事」，然後立刻從最重要的事情開始實踐。

很多人為了等待合適的時機，結果反而浪費太多時間。真正令人惋惜的是，不只是浪費時間，而是在這個過程中，腦海中的目標可能會消失。如果將來想成為什麼，現在就一定要做點什麼。美國第二十六任總統狄奧多・羅斯福（Theodore Roosevelt）這樣說道：「在現在這個位置，用自己擁有的東西，做能力所及的事吧！」

為了實現夢想，你在現在這個位置，用現在擁有的東西，可以馬上做些什麼呢？你在心中對自己低語「現在就去做」的事是什麼？

Stop, Think & Action

Stop：暫時停止閱讀，找出那些光想卻沒有實踐的事。

Think：從中挑選一個，找出拖延實踐的理由。

Action：找一件現在馬上可以做的事並付諸實踐，然後把實踐結果寫下來。

One More

現在就做吧

如果想起要做的事，現在就做吧。
因為今天雖然天氣晴，但明天可能有烏雲。

如果想起一句親切的話，現在就說吧。
因為所愛的人不會永遠陪在身邊。

如果想表達愛，現在就說出來吧。
因為所愛的人可能會離開。

如果想微笑，現在就展露出來吧。
因為當你猶豫時，朋友可能會離開。

如果有想唱的歌，現在就唱吧。
或許現在唱歌已經太晚了。（作者不詳）

可惜的是，很多人會把應該對珍愛的人說的話拖到最後一刻。想一想，一直以來被你遺忘卻對你很重要的人是誰？不能再拖延，必須馬上告訴對方的話又是什麼？

08

小開始，大成功

Behavioral Momentum

所有偉大的事都是從小處開始的。

——彼得・聖吉（Peter Senge）

對我來說，要承擔一切實在太吃力了。不管是打掃房間還是減肥、學英語、談戀愛、就業，別人輕易能做好的事，我卻不是「不想」，就是「不敢」。仔細回顧過去，我好像常常把「不想」或「不敢」掛在嘴邊。「應該用功念書考多益，但是我現在一點都不想」、「雖然是必修課，但我就是不想上統計學」、「雖然有喜歡的對象，但我不敢打電話給他」。必須要做的事很多，但我卻連開始都做不到。我為什麼會這樣？

——凡事都不想的大二學生

無法開始的原因

很多人都這樣，雖然想做某件事，卻又不敢做。「想用英文寫日記，但是又不敢」、「想和喜歡的女生說話，但是又不敢」、「應該要整理房子，但是怎麼也不想動」。

「念頭」這個詞是怎麼來的呢？這個詞看似純韓語，但其實來自漢字，結合了「念」（思考）和「頭」（開頭），因此「念頭」具有「思考的開頭」之意。要是連「念頭」都沒有，就談不上「實踐」，因為你也不會有想嘗試的想法。

為什麼會沒有念頭呢？因為人會預測，如果覺得一件事太難，就會認為自己一定做不好，所以很多人在嘗試之前就放棄了夢想。但能取得成功的少數人士卻不同，他們可以在困難的事當中，找到很簡單就可以做得好的小事，於是就這樣，把失敗的人連想都不敢想的大事都完成了。

只要開始，自然會充滿欲望

某天，一位學員模仿著喜劇演員，做關於「開始的重要性」的報告。「大家都說開始是成功的一半，那麼在一千公尺賽跑中，只要聽到槍響出發，那麼就等於已經跑了一半了嗎？真～是不可思議。」事實上，「開始是成功的一半」這句話在物理上是錯誤的。但從心理學角度來看並沒有錯，因為任何事一旦開始，完成的可能性就會大大增加。

想做一件遲遲不敢做的事，最好的方法就是從小事做起。翡翠小太郎在他的著作中，提到一位七十多歲橫越美洲大陸的老奶奶。「一開始完全沒有橫越美洲大陸的想法，現在回想起來，我覺得這就是我能夠做到的原因。」某天，老奶奶收到孫子送的運動鞋，於是她高興地穿上運動鞋，出發去找住在另一個州的朋友，想跟朋友炫耀孫子送的運動鞋。見了朋友後，她又想：「那就再到另一個州去吧，如果走到膝蓋疼的話，大不了坐計程車回家就行了。」這這樣，開啟了她橫越美洲大陸的旅程。老奶奶的故事為不敢嘗試就放棄的人，上了很好的一課。

對寫作的人來說，有個名為「腦閉塞」（Writer's Block）的障礙，雖然想寫作，但腦袋裡卻像築起了一道屏障似的，完全無法創作。不是因為不能寫，而是害怕無法寫出像樣的文章，無法帶給讀者感動。消除屏障最好的方法是什麼？小說家安・拉莫特（Anne

Lamott）建議：「如果想寫作，就盡情地敲打鍵盤吧。」或許會寫出一些沒有邏輯的句子，但這都不是問題，只要想到什麼就寫什麼，總有一天，會自然而然寫出真正想表達的東西。從某種角度來看，我們都是作家。我們的生活裡有著只屬於我們自己的故事，有時可能也會出現「腦閉塞」，遇到想寫卻連一句都寫不出來的情況。

有時會完全不想開始做事，任何人都可能會有這種時候。如果感覺自己好像做不到，那就先從簡單的小事開始做起，就算做不好也沒關係。只要記住不要只想著找尋不能做的藉口，應該要找的是必須做的理由，馬上就開始做一件相關的小事，你會發現神奇的是，一旦開始了，很多問題都會迎刃而解。

習慣拖延的人經常會說：「因為沒有心情」、「因為不情願」、「因為還沒有心理準備」，他們都有一個共同點：沒有欲望。但從生物學的角度看，這是錯誤的想法。事實上並不是因為沒有欲望而不能開始，而是因為尚未開始所以才沒有欲望。就算沒有胃口，只要嘴巴吃進食物，胃口就會打開。即使不想去散步，只要踏出家門，就會產生「還好有出來走走」的想法。就算覺得身體沉重，躺在床上不想起來時，只要一鼓作氣猛然站起來走動，馬上就會展開一天的日常。為什麼會這樣呢？這是因為不管你有沒有欲望，只要開始做了，我們大腦的伏隔核部位就會開始興奮，並製造出逐漸專注於那件事的欲望。

我們的身心就像是只要啟動了就會自動作業的機器一樣，不想做的事一旦開始了，就會成為契機，繼續做下去。精神醫學專家埃米爾．克雷佩林（Emil Kraepelin）稱這種精神現象為「工作興奮理論」（Work Excitement Theory）。也就是我們的大腦認為，身體一旦開始移動，就連停止時也會消耗能量，因此繼續做正在做的事會更合理。所以，即使是不想做的事，只要開始了，大腦就會受到刺激，很快就會集中注意力。因此，「開始是成功的一半」這句話在心理學上是合理的。

如果必須寫信，就先坐在書桌前寫下第一句「這段時間過得好嗎」。隨著發動機啟動，大腦會自動告訴我們接下來要寫的內容。該起床的時候，就不要計較有沒有心情起床，直接從床上跳起來吧。只要你站起來，就會感覺起床真是正確的選擇。有該做的事，即使沒有幹勁也不要磨磨蹭蹭，馬上開始行動吧，你會不知不覺發現自己正埋頭工作。音樂家伊果．史特拉汶斯基（Igor Stravinsky）說：「就像吃東西會越吃越有食欲一樣，在工作過程中也會自然而然產生靈感。」

把馬帶到水池邊，馬就會喝水

韓國有句俗話說：「你可以把馬帶到水池邊，但不能強迫馬喝水。」從心理學的觀點來看，這句話是錯誤的。不渴的馬被帶到水池邊，最後總是會喝水的，可能是口渴了，也可能是因為無處可去而喝，或是看到別的馬喝也跟著喝。關鍵是，在水池邊這個事實本身給馬喝水提供了動能。

動能（momentum）具有「動量、氣勢、推動力、契機」的意思。在股票市場，若因政府政策等因素致使交易量突然增加時，就會說是產生了「動能」。在心理學則用來形容引起行為變化的契機，以此來修正行為的方法稱為「行為動能技術」（Behavioral Momentum Technique）。

因此，若想要把書念好，就算要玩也要去學校玩。若想多看一點書，就避免看枯燥難懂的經典著作，最好從實用書籍或有趣的小說開始。如果想買房子，就先去銀行開立一個專存買房基金的帳戶。行為動能技術可以適用於各方面，從打掃到學習、運動、理財、改善人際關係等生活所有領域。

教授，我下決心要減肥，所以買了室內腳踏車。剛開始，我每天都大汗淋漓地騎一個小時。但是過了幾天之後，腳踏車就成為廢鐵一樣，被我丟到某個角落。後來我學到了行為動能技術，於是把腳踏車又搬了出來，看電視時坐在上面觀看。不是「騎一個小時的腳踏車」，而是「坐在腳踏車上看電視」，如此一來，我很自然就開始踩踏板，不知不覺就騎超過一小時。行為動能技術的效果，真是令人驚訝。最近每天都可以騎一小時以上，神奇的是感覺時間過得很快。

這是一名學生分享的經驗。一個小時汗流浹背地騎腳踏車，一想到這點還沒騎就累了。但是坐在腳踏車上看電視還是一件開心的事，只要坐上去，最終自然就會開始踩踏板。一想到要大掃除就煩，這時候只要想，「只要花個五分鐘」整理流理檯就好，就會發現其實很快就整理乾淨了。從流理檯開始，再延伸到客廳、浴室，也會很快就清理乾淨。一旦開始，就會發生驚人的變化，而所有變化都具有自動推動的自行趨動力（Self-Propelling Power），由一個小變化引發另一個變化。為了實現目標，我們可以採取的第一步，就是找出能立即實踐的最小、最簡單的事。

行為動能技術三步驟

- **步驟一：**把與目標相關的事情按照困難程度排序。
- **步驟二：**先從最簡單的事情開始做起，想著如果不喜歡，隨時都可以中斷。
- **步驟三：**從某一刻開始，就會發現自己比想像中做了更多，會感到很驚訝又很滿足。

成功會招來另一個成功

習慣剛開始都很難改變，但是改變了一個之後，其他習慣就會越來越容易改變。如果減肥成功，那麼戒掉菸癮的可能性就很高。如果戒菸成功，接下來可能很快就可以存下一大筆錢。實際上，在許多以美國人和歐洲人為對象的研究中可以看到，體重與收入有密切的關係。一次成功，在我們腦海裡就會植入「我成功了，我能做得到」的想法，就會帶來另一個成功。

山坡上的大岩石很難移動，但一旦開始動了，就會產生自行趨動力，以更快的速度滾落。同樣地，行為的變化一開始很難，但只要有一點點改變，學習效果帶來的自行趨動力，就會讓變化越來越容易產生。愚公移山是從小石頭開始搬，若想改變習慣，就從小地方開始。

無論什麼事，要堅持夠久才會看到成果。若想長久堅持，一開始就不要太貪心。想長期保持運動習慣，一開始目標就不要訂太高，先從比較上手的運動做起，很容易就能達成目標。有人想培養記帳習慣，要求自己連買一袋豆芽菜的費用都詳實記錄下來，這樣過於嚴苛的標準並沒有幫助，允許自己偶爾有一點小誤差，即使不是每一筆都記也沒關係。以這樣的想法開始，那麼當達到一點小小的成果時就能激勵自己，不知不覺就會一直持續下去了。

大事化小，什麼都變得很容易

以下是把目標修改為「小單位」後成功的例子：

您還記得嗎？我原本希望自己每天都要念一本童書給孩子聽，但實在太辛苦了，於是教授建議我改成「每天念幾行」，同時不限定於書，去超市拿到的傳單、散步時看到的路邊招牌或看板都可以。因為沒什麼壓力，所以執行起來很容易，孩子也覺得很有趣。現在孩子已經會念很多字了，多虧了教授的建議，讓我在下班後和孩子一起度過愉快的時光。「從小事做起」，教授真的給了我最好的答案。

戒酒互助團體「戒酒同盟」，行動綱領的第一條不是「到死都不沾一滴酒」，而是「今天就好」（Just for Today）。因為一開始就要求永遠都滴酒不沾，那很有可能會中途放棄。大處著眼，小處著手，一件事成功了，再進行下一件事。亨利．福特（Henry Ford）這麼說：「如果把它分成一件件小工作，就沒有什麼特別難了。」

每一個偉大的成就都始於一個小小的開端。你的夢想是什麼？現在馬上能執行的第一件小事是什麼？大處著眼，小處著手，Think Big！Act Small！

Stop, Think & Action

Stop：想一想，有什麼事是你下了決心卻遲遲未做，或是嘗試了卻很快放棄的。然後再想想看為什麼。

Think：找出有哪些容易實踐的小事，並列成清單。

Action：挑選一件簡單可以實踐的小事，並馬上行動。

One More

彩虹橋的開始

位於美國和加拿大交界的尼加拉大瀑布，意思是「雷神之水」，顧名思義，水流大到會發出震撼大地的巨大轟鳴聲，加上白茫茫的水霧、周邊美景，成為許多人一生必看的絕景之一。尼加拉大瀑布的另一個魅力是彩虹橋。如何在兩百四十四公尺的險峻峽谷中建築這座橋？它的開始出乎意料的簡單。一八四七年，懸索橋設計專家小查爾斯·埃萊特（Charles Ellet Jr.）以放風箏的方式，用風箏線連接橋的兩側。然後將線圈懸掛在風箏線上並拉拽，接著在線圈上掛堅固的鐵線，再把鋼索掛在鐵線上，最後在鋼索上掛電纜。就這樣一步步用鋼索架起了橋，最終成為尼加拉瀑布上知名的彩虹橋。險峻峽谷上的雄偉大橋，居然是從放風箏這種簡單的小事開始。任何偉大成就的第一步，必然都是個小小的起步。

能帶你到夢想之地的彩虹橋是什麼？像放風箏一樣可以馬上實踐的小事又是什麼呢？

09

設定最後期限，就能避免拖延

Deadline Effect

一旦有必須完成的事，無論如何都要完成。

——傑克．福斯特（Jack Foster）

為什麼一遇到英文我就會退縮？闔起多益題目本，「唉，看來今天不是寫練習題的日子」，拖延大神又來了。準備報告時也是，不知怎麼地就一直拖，直到最後一天晚上才熬夜趕工。開始這件事怎麼這麼難？即使決定「從明天開始早起運動」，但到了明天早上，勢必又會說「明天再開始吧」。今天拖延大神又來了。教授，我簡直成了拖延大神的女兒、最後一刻的公主。我真想擺脫這個毒瘤，到底有沒有辦法治好？

——想擺脫拖延大神的二十多歲ＯＬ

拖延大神來突擊了

每到新的一年，大家總會訂下各種新計畫，但其中有相當大的一部分還沒來得及開始，就從記憶中消失了。就算開始了，但是最後不了了之的也不少。某家公司的兩百名職員接受問卷調查，探討計畫最後不了了之的原因。調查結果顯示，百分之四十三的受訪者認為「明天再開始做就行了」，而將行動往後延。也就是說，「拖延大神的誘惑」就是首要原因。

孩子放了暑假但什麼時候寫作業呢？通常都是在開學前幾天才趕著寫。大學生什麼時候準備考試復習功課？考試日期迫在眉睫時才會開始。像這樣一直拖到不能拖為止，直到最後一刻才全心投入，這種在學生之間蔓延的現象稱為「學生症候群」（Student Syndrome）。那麼教授就會不同嗎？不，他們也一樣拖到最後一刻才提交研究論文。上班族也是，準備簡報內容的時間永遠都不夠，不管準備時間長或短，十之八九都要到簡報前一天才熬夜完成。

家庭主婦又是如何呢？就算每天都會經過銀行，卻依然到截止日當天才去繳水電瓦斯等公共費用。因此每到月底，銀行櫃檯總是人山人海。我們的許多行動總是在最後期限前一刻才做，這完全與事情本身無關。人們在做事的時候，不管有多麼充分的時間，到最後都會一秒也不剩。事情總是到了必須結束的時候才會結束。

拖延大神無法侵犯的人，通常都有自己的最後期限

很多人雖然看起來總是不停奔波、忙碌，但實際上生活卻很空虛；相反地，有些人安靜、從容，但生活過得很充實。仔細觀察，可以發現微小的差異。前者是按照別人制訂的最後期限行動，非得等到迫在眉睫、火燒屁股了，才會像熱鍋上的螞蟻一樣慌亂。他們總是在慢了一點、準備不足的狀態下行動，因此不斷受到各種壓力。

相反地，後者會主動將他人設定的最後期限轉換為自己設定的期限。總是比別人早一點行動、早一點到達。他們透過控制最後期限來掌控自己的生活。如果我們無法控制最後期限，那麼最後期限就會控制我們的生活。

把重要的事情往後延宕是失敗者的共同點；明天的工作提前到今天完成是成功人士

的特性。根據調查結果顯示，效率不彰的基層員工經常有各式各樣的拖延藉口；成功的高階職員則會制訂自己的防止拖延戰略。那些經常在最後關頭忙碌、嫌時間不夠、抱怨總是辛苦生活的人，大概可以分成三種行為模式：

第一，難開始。覺得萬事起頭難，他們會找各式各樣的理由，因為還不想做、不敢做，甚至相信等迫在眉睫的情況下才做得好，一直覺得還有很長的時間，所以不斷拖延。第二，難結束。雖然開始了，但因為無法專注，或完美主義情結，因此永遠都做不完或覺得還不夠好，而無法畫上句點。第三，也是最壞的情況，就是既無法開始，也不能好好結束。

但有另一種人，不會因為忙而叫苦連天，還可以比別人取得更多成果。與那些總覺得生活辛苦、做什麼都失敗的人不同，對於其他人不喜歡、不想做的事，他們不會排斥，勇於面對。他們雖然也有想拖延或覺得害怕的時候，但是達成目標的欲望更強烈，所以可以克服。如果有必須要做的事，他們會設法找到其中的好處，並從可以立即做到的小事開始。

執行力強的人，心中通常有兩個最後期限：一個是必須完成工作的「結束死線」（Ending Deadline），另一個是何時開始工作的「開始死線」（Starting Deadline）。

拖延大神經常降臨在你身邊嗎？那麼你就拋出「死線」護身符，讓拖延大神知難而退。不管是創業準備，或是像寫信、打電話這種小事情，都要設定好兩個死線。

一直遲遲未開始嗎？那就訂下開始死線，並養成在期限到之前展開行動的習慣。不知道怎麼結束嗎？那麼養成在截止日期前完成工作的習慣。即便是打掃房間這類日常瑣碎的小事，只要確定開始和結束的期限，一切都會簡單多了。看到毫不遲疑的自己會感到驚訝，你會發現其實自己可以比預想的時間更快完成工作。

設定最後期限，可防止偏離軌道

為什麼設定最後期限可以促使人發揮執行力呢？最後期限（Deadline）原指不該逾越的線，囚犯若越過就會被槍殺的「死線」，但後來廣泛用在報紙或雜誌的截稿時間。沒有其他行業能像報社一樣忠實遵守最後期限，每天在固定的時間發行報紙。十分鐘前還未完成的報導，一到截稿時間就會準備送到編輯臺。再好的報導只要超過截稿時間，所謂「新聞」的意義就會消失。這就是最後期限的威力。

等事過境遷之後，最後期限也就沒有任何用處了，所以才會讓我們緊張，拚了命地奔跑。因此，大大小小的事都要設好最後期限，我們的大腦為了按時完成工作，會分泌腦內啡，啟動能量，緊繃肌肉，集中注意力。同時在腦中搜尋之前儲存的所有信息和知識，找出可行的解決方案。

所有生命都會走到終點，所有事也都有最後期限。意識到死亡將至的人會更努力生活，考慮到最後期限的人必然會取得更高的成就。人在以為就要結束時，會發揮出強大的力量。

如果問：「房子著火了該怎麼辦？」人們或許會一邊思考一邊說：「這個嘛……我想一下……。」吞吞吐吐說不出個所以然。然而如果家裡真的失火了，應該會立刻跳起來想辦法逃命吧。最後期限就像房子著火，如果有什麼想立即實踐的事，就應該設定最後期限並點燃它。當你意識到沒有時間再空想時，對事情的態度就會完全不同。因此，為了防止偏離軌道，任何事情都必須明確訂下一個期限。作曲家史特夫・卡爾門（Steve Karmen）也說：「最鼓舞人心的就是最後期限。」

在市場行銷方面，最後期限的策略也發揮非常強大的效果。像在電視購物或特賣會中，只要喊「從現在開始十分鐘內給一百位貴賓半價優惠！」原本興趣缺缺的人就會瞪大眼睛一擁而上，深怕超過時間限制而失去難得的好機會。有了最後期限可以防止我們偏離軌道，並將能量集中在一件事上，幫助我們迅速完成工作。因此，如果不想讓目標在「總有一天」這個障礙上擱淺，就要養成設定最後期限的習慣。沒有最後期限的決心就像沒有扳機的槍。

當畏懼開始或感到壓力時，一個有效的方法是設定中間期限。中間期限是將最終目標細分，形成多個階段的最後期限。這個方法可以讓我們擺脫壓力，從整理行李箱到寫書，適用於許多不同目標。雖然明天無法馬上就出一本書，但今天可以先報名寫作班。把大目標分成一件件當下可以做的小事，從小事開始，大事就能做得到。

假設離提交報告還有一個月，對被拖延大神附身的人來說，前一、兩個星期是不會有什麼進展的，即使時間流逝，也只是腦中越來越複雜，但一點進度也沒有，要到火燒眉毛的時候才會投入行動，這一切已經很明顯了。如果不想這樣提心吊膽地度過一個月，就另外設定屬於自己的最後期限吧。一個月內必須完成的報告書，設定三週內完成。如果上班時間是九點，那就八點半進公司。明天再回也可以的郵件，今天就寄出去吧。

無法提高成果，是因為時間太多了

如果對學生說：「週末前必須交報告。」學生肯定會這樣抗議：「教授，不行，時間太少了。」但是根據我的經驗，不論準備時間是一個星期還是一個月，在期限內準時交報告的學生數量並沒有太大差異。為什麼會出現這種現象？因為大多數的人並非在有時間的時候工作，而是等結束的時間要到了才開始工作。一般來說，如果提供一段充裕的時間，人們往往會先做一些無關緊要的事，直到最後才開始辦正事。關於這種現象，英國歷史學家、社會學家和經濟學家諾斯古德．帕金森（C. Northcote Parkinson）提出

「帕金森定律」（Parkinson's Law）。

從帕金森定律中可以學到的一個教訓是，在制訂計畫時，比起規劃足夠的時間來實現目標，不如稍微限縮一點時間會更有效。很多人認為想要取得成果，就必須投入更多時間。但實際上人不是因為沒有時間而不能取得成果，大部分反而是因為時間太多才沒有成果。

如果必須要在一個小時內讀完一本書，該怎麼做？答案只有一個，就是「在一個小時之內看完」。我也一樣，在忙碌時看書反而比閒暇時看得還多。因此，若我買了書一直放著沒有看，我會這樣告訴自己：「備課時間只有一個小時，但是在課堂上必須介紹這本書的內容。」那麼我就會在一個小時內讀完。當然，不一定會看完書中所有內容，但無論如何，我一定會在一個小時內看完。

不管在什麼情況下，絕對沒有時間可以完成所有的事；但是不管什麼情況，都有時間去做必須做的事。就像進入黑暗的瞬間，人的瞳孔就會擴張一樣，當心情產生急迫的感覺時，大腦的吸收力就會瞬間擴張。堅信時間多反而工作效率低的日本黛安芬公司前社長吉越浩一郎，為了提高工作成果，一到下午六點二十分就把辦公室的電全部關掉。想要取得成果，就必須將最後期限提前，刻意減少可以作業的時間。

但是也不要因為拖延事情而過於自責，那是人類的本性，不需要因為常常臨時抱佛腳，而給自己貼上懶惰的標籤，其實你只是符合帕金森定律罷了。透過這本書了解到驅除拖延大神的方法，從現在開始好好利用最後期限的效果就可以了。若想嘗試以重新設定最後期限來改變生活，需注意以下幾點：

第一，從小事開始練習。比起宏大的計畫，不如先從小事開始練習。不要想「以後有機會再見面」，而是「我下週一跟你聯絡」。不要想「有空整理一下房間吧」，而是立刻決定「花半小時把房間整理好」。如果常因講電話時間太長而耽誤工作，那就在拿起電話前告訴自己「要在十分鐘之內結束通話」。

第二，要明確定義。在設定結束和開始的最後期限時，要同時確定具體的時間和地點。有個學生這樣說道：「等我訂好了論文題目，大概下週再去找您。」另一個學生則說：「教授，這週五下午六點可以去研究室找您嗎？」你覺得這兩個學生當中，哪一個比較可能將決心付諸實踐呢？

第三，重要的事就公開宣告最後期限。愛迪生有時會公開對外說明自己什麼時候要發明什麼、什麼時候要製造什麼。因為他早就領悟到，再大的決心，也比不上公開對外宣告最後期限對促進執行帶來的效果。如果公開了，就很難推翻。若公開的對象是對你很重要或在意的人，那麼效果會更大。

了解最後期限帶來的效果後，很多事情都發生了變化。例如以前為了考多益，告訴自己每天都要做一份練習題，但經常都是拖了一整天，到睡覺時才後悔「應該要做練習題才對……」。但是現在我可以按照計畫確實執行了，不管是每天做一份練習題或讀兩頁聖經。難以開始就設定好開始的最後期限。像我怕忘記，還特別設定了手機鬧鈴提醒「該去做○○了」，避免拖延。總是東摸西摸無法結束的工作，就使用倒數計時器，練習在時間截止之前完成所有事。雖然是小事，但是這樣逐一實踐後，很多事情都發生了變化。生活充滿了活力，而且對自己也有了信心，相信自己可以做得很好。透過最後期限的設定，我得到最重要的收穫就是明顯減少了走偏的情形。

這是一位三十多歲的讀者與我幾次郵件往返，分享了他的改變。有一種說法：「無所事事也會過勞死。」因為時間太多，反而會增加一些無謂的事，結果真正重要的事反而被推到最後。因此，不管做什麼，都要設定一個最後期限，擺脫把時間浪費在無謂的事情上面，防止自己偏離軌道。

即使是小事，只要重新定義屬於自己的最後期限並逐一實踐，不僅可以減輕壓力，為自己騰出更多時間，同時也不會被別人的壓力所左右。生活因而可以過得更順心，自信心增加，也更能主導自己的人生。

重置最後期限的三步驟

• **步驟一：**重新定義結束的最後期限。在別人設定的最後期限之前，設定屬於自己的最後期限。

• **步驟二：**制訂中間階段性的最後期限。從最終目標中細分，設定各個階段的最後期限，分階段完成可以減少壓力。

• **步驟三：**確定開始的最後期限並立刻執行。找尋可以馬上開始的第一階段工作，即使是細微的小事也無妨，重要的是在開始的最後期限之前實行。

有什麼事是你總是在腦中想，卻遲遲還沒開始的？設定一個屬於自己的開始死線和結束死線吧。

Stop, Think & Action

Stop：想一想，有沒有什麼是你總是拖拖拉拉、不能按時完成的事。

Think：挑選其中一件事，找出沒能按時完成的原因。

Action：寫下你想實踐的事，並確實設定好屬於自己的開始死線和結束死線。

One More

如果只剩下五分鐘的生命

「被告因參與謀反，企圖散布充滿對俄羅斯東正教及最高權力不尊重的書信和反政府文件，經判定處以槍決。」宣判死刑後，司祭進行死前禱告。最後的最後，給了死囚五分鐘的時間。對二十八歲的年輕死囚來說，五分鐘太短了，該如何利用呢？他決定用兩分鐘的時間向其他死囚告別，兩分鐘回顧過去的生活，剩下最後一分鐘向大自然和土地表示感謝。他流下眼淚向其他死囚訣別，兩分鐘過去了，教堂屋頂在明媚的日照下閃閃發光，想到過去的歲月沒有好好利用，心中充滿了後悔。士兵舉起步槍瞄準他。這時，突然有一匹馬奔來，從馬上跳下一位軍官，大聲宣讀沙皇的御令：「被告免除死刑，改處以四年勞役刑並赴西伯利亞服刑，期滿之後繼續服兵役。」日後他時時想到死前那五分鐘，於是把每一天都當作人生的最後一天而活，不耽誤任何重要的事。於是留下了《罪與罰》、《卡拉馬助夫兄弟們》、《白痴》等偉大的作品。他就是俄羅斯大文豪費奧多爾．杜斯妥也夫斯基（Fyodor Dostoyevsky）。

如果只剩下五分鐘的時間，那麼在這五分鐘內你一定要做的事情是什麼？

10

當作是實驗，享受挑戰

Experimental Mind

說自己沒有天賦的人，大部分都是沒有嘗試過的人。

——安德魯．馬修斯（Andrew Matthews）

我在一間家電專賣店從事銷售工作。偶爾會去聽聽自我開發的演講，讓我也產生了想成為講師的夢想。但我畢業於普通大學的經營系，而且現在已經三十五歲了。我看那些自我開發領域的講師，大部分都畢業於SKY名校[2]或國外研究所。想想我是不可能了，既然沒辦法做到，不如還是早點放棄比較好。

——夢想成為講師的三十多歲銷售員

2 譯註：韓國排名前三的大學，S為首爾大學、K為高麗大學、Y為延世大學。

「你試過了嗎？」鄭周永會長的實驗精神

一位三十多歲的銷售員寄了封郵件給我，認為光靠自己的學歷很難實現夢想。我看了之後，這樣回信給他：

您認為受限於學歷無法做自己想做的事。現代集團創辦人鄭周永會長，在公司提出新計畫時，經常受到高學歷出身的下屬職員提出各種理由反對。只有小學學歷的鄭周永會長都會反問職員：「你試過了嗎？」您說夢想成為講師，那麼到目前為止您嘗試過什麼？現在又做了什麼？回顧一下再問問自己：「試過了嗎？」

據說認識鄭周永會長的人無不對他的執行力感到驚訝，對於他出色的實驗精神更是讚歎。在成立現代汽車之前，鄭周永原本希望能有機會可以與美國福特汽車合資生產。一九六六年四月，福特汽車瞄準韓國市場，派人到首爾進行市場調查，但當時並未與現代汽車接觸。後來才聽說這件事的鄭周永，立刻打電話給前往美國的弟弟鄭仁永，要他立刻去找福特汽車簽訂汽車組裝技術合約。鄭仁永聽了很慌張，「那種合約怎麼可能幾天之內就能簽訂呢？」鄭周永對著電話大聲說道：「你試過了嗎？」結果，在同年十二月，現代汽車與福特汽車簽訂了技術合約。

鄭周永還有一件將實驗精神發揮到極致的事，就是在韓國瑞山市填海造田工程中展現的「鄭周永工法」。總長六．四公里的防波堤工程，最後剩下兩百七十公尺，是最難建造的一段。湍急的水流甚至可以將如同汽車大小的岩石沖走。當時鄭周永腦海中浮現一個想法，就是利用停泊在蔚山港，原本要報廢後作為鋪設鐵軌材料的二十三萬噸級廢油輪。鄭周永的想法是，在廢油輪的儲油糟中裝滿海水並使其沉沒，先阻檔水流，然後動用重型裝備將岩石填入。

最後大獲成功，同時這個方法還省下近兩百九十億韓元的工程費用，廢油輪得以再利用。這項史無前例的工法在《新聞週刊》（*Newsweek*）和《時代》（*Time*）雜誌上被介紹，稱為「油輪工藝」，英國倫敦泰晤士河上游防堤工程也曾仿效這種做法。或許有人認為鄭周永的故事已經聽過太多了，但老實說，我還沒見過比他更具實驗精神並能充分發揮的人。

發明大王愛迪生據說一直飽受消化不良的困擾。他在一八八五年七月十三日的日記中這樣寫著：「為了嘗試減輕消化不良的痛苦，決定提早下電車，步行三公里到實驗室。」他把實驗結果記錄下來，並在旁邊加上簡單的評論，「完全沒效果」。他又做了另一個實驗，聽說嚼口香糖有用，於是他也親自嘗試，驗證了「咀嚼口香糖，唾液會充分製造消化酶，對治療消化不良有效果」的假設。愛迪生也真摯記錄下自己的想法：「這口香糖裡一定有某種可以減輕消化不良的成分。」愛迪生認為，任何新的嘗試都是實驗。即使在日常工作中，無論大小，只要出現問題，他都不會覺得遇到麻煩，而是將其當成另一個新的實驗。

其實我們也都像鄭周永會長和愛迪生一樣，在生活中進行實驗。偶爾會失敗，但是很少人會覺得失敗是一種實驗，也很少人認為失敗是另一種意義上的成功。這就是優秀的人與平凡的人的差別。

就當作是實驗，享受人生

愛迪生與普通人不同的地方是，大家認為是「經驗」（Experience）的事物，他會當作是「實驗」（Experiment）。如果賦予的意義不同，想法就會不同；想法不同，行動也會不同。經驗和實驗的字源，都是代表「嘗試」、「證明」的拉丁文「Experientia」。而且經驗和實驗都包含了「試錯」的概念，所以其實兩個詞具有相同的含義。

有心儀的對象想要告白、想退貨拿回款項、必須說服某個人，在這些時候，不要只想著「丟臉」、「沒有用」、「不可能」而放棄，就把情況當作實驗吧。留心觀察，再做假設，找出方法並嘗試進行實驗。就算會被拒絕也要試著開口。以前有個被稱為「戀愛博士」的人，談戀愛無往不利，朋友都羨慕地問他祕訣，他說：「就當是做實驗，這樣就不會有壓力了。就算失敗了，也比毫不嘗試學到更多。」

我認識一位中小企業的社長，因為與子女關係不好而長期備受煎熬。但是最近表情變得明朗許多，我問他原因，他笑著回答：「為了當個慈祥的爸爸，我進行許多實驗。」想到是實驗就沒什麼好猶豫。即使是連百分之一的可能性都沒有的事，就算是不可能成功的事，對以實驗心態去執行的人來說，總是會留下些什麼。

即使是很小的事，也可以看作是實驗，就算失敗了，就當作是無法支持假設的實驗。這麼做會為我們帶來一些變化：第一，減輕壓力，開始行動變得更容易了。第二，即使中途覺得累了或失敗了，得失心也不會太重。第三，尋找解決方案的能力會逐漸提高，進而取得成果，讓生活更愉快。

那麼平時應該如何培養實驗精神？第一，不要還沒嘗試就斷定不可行。如果認為不可能成功，我們的大腦就會去找出無法做到的理由。第二，要懷著好奇心看問題，把所有嘗試都當作實驗。第三，要相信所有問題都有答案，解決之道不只一個。如果認定不可能，大腦就會充滿不可能的理由；如果相信有可能，大腦就會想方設法尋求解答。

當遇到指責並妨礙我們的人時，與其責怪和埋怨他們，不如當作是需要實驗的狀況，想著「這次又要做什麼樣的實驗呢？」需要實驗精神的不只是科學家和企業家，我們都需要。想跟朋友和解時、背英文單字時、安慰哭泣的孩子時，都需要實驗精神。下面分享一位前來聽我演講的觀眾的實驗故事：

我把自己當作觀察對象，想藉由實驗找出最近為什麼經常缺席晚上十點的瑜伽課。發現我如果洗好澡換上睡衣，就不想去練瑜伽了。於是決定就算覺得不舒服，也不要先洗澡換衣服，先去做瑜伽再說。結果，我自然而然地想快點去做瑜伽，再痛快地洗個澡。把問題以實驗的方式來看待很有意思。夫妻之間也是，不管是表現愛意或吵架後想和好，若都以「實驗」來看待，會發現一切都變得容易許多。

最不想做的事、最害怕的事，大部分都是我們必須要做的事。人生的幸運和成敗取決於做這些事的意願，而最能幫助人嘗試的就是實驗精神。

想要擺脫固定模式，期待不同的結果，可以制訂一個「實驗日」，在這一天脫離反覆的日常。因為我們每天差不多都在同一時間起床，走同樣的路上班，與同一群人在熟悉的餐廳吃飯，然後再走同樣的路下班，在差不多的時間入睡。

在「實驗日」當天，從平時反覆的日常中選出三件事來做實驗，嘗試和平常不一樣的做法。例如平常起床看報紙、下班回家看電視，那麼實驗日當天就不要看報紙，不要打開電視。在電梯裡遇到鄰居就先簡單點頭問候，在公司遇到下屬就先打招呼。

如果每天下班回家都看電視，實驗日當天就不要打開電視，帶著實驗精神去做些其他的事。例如看書、寫下上次旅行的感想、散步、聯絡一位很久沒聯絡的朋友、關燈聽古典樂、和伴侶一起去逛夜市、和孩子盡情玩耍。

嘗試與平日不同的模式，生活會變得多采多姿，價值觀也會變得不同。倦怠感減少，想法更寬廣，人也會變得更有活力。走以前沒走過的路，會看到不同的風景；聽沒聽過的音樂，會產生不同的感受。做不同的事會有不同的想法；尋找不同的方法就會得到不同的結果。如果想得到不一樣的結果，就要有不同的想法和不同的行動。

實驗精神的三個好處

1. **減少對失敗的恐懼：**實驗中嘗試與錯誤是理所當然的，失敗只是驗證假設不成立而已，因此可以讓人對失敗的恐懼感減少。
2. **增加創意性：**實驗是以新的理論挑戰固有的知識或理論，所以實驗精神可以幫助我們在工作時擺脫固有觀念，用更開闊的視野看待事物，靈活度和創意力就會增加。
3. **提高掌控力：**實驗必須留心觀察，操縱各種條件驗證假設，因此可以提高對自己和事物的掌控力。

不要認為只有愛迪生和鄭周永會長這類的科學家和企業家才能發揮實驗精神。把日曆拿出來，現在就訂個實驗日吧。日曆上標記的特別日子越多，生活也會變得更豐富。人生就是實驗的延續。One Day! One Experiment!

Stop, Think & Action

Stop：發揮實驗精神，找出生活中有哪些改變了會更好的問題。

Think：選擇其中一個，並假設可以怎麼做才會成功改變。

Action：發揮實驗精神，尋找並嘗試用新方法來改變。

One More

你餓過嗎？

餐廳門口有一個流浪漢舉著牌子，上面寫著「我沒有地方住，請幫幫我」。一個路過的男子給了流浪漢兩美元，並要流浪漢改掉牌子的內容，再站兩個小時，那麼他會再給流浪漢五美元。兩個小時後，吃完飯的男子按照約定又給了流浪漢五美元。但流浪漢謝絕接受，反而要給那名男子十美元，因為他在這兩個小時內足足賺了六十美元。原來男子要流浪漢把牌子上的文字換成「你餓過嗎？」那名男子就是市場行銷專家派崔克・韓瓦瑟（Patrick Renvoise）。（《說中大腦想聽的那句話，白紙也能大賣！改變購買決策的神經行銷術》，派崔克・韓瓦瑟著）

一個遊民在脖子上掛著「我是盲人」的牌子，在街上乞討。但是路過的人沒有一個停下來施捨。有個男子走了過來，將遊民脖子上掛的牌子翻到背面，在上面寫了幾句後就離開了。不久，遊民面前的鐵罐子裡開始不停有人投入硬幣。他的牌子上寫著：「春天來了，但是我看不見春天」，而幫他改寫文字的人，就是法國詩人安德烈．布勒東（André Breton）。（《三秒變快樂的名言處方》，翡翠小太郎著）

現在你有什麼事需要他人幫忙？有什麼獨特的嘗試可以展現你的實驗精神，並讓別人願意幫助你？

11

真心誠意提出要求，就會發生驚人的事

Aladdin Effect

你只需提出請求，比預期更常聽到的回答是「那當然了」。

——蘭迪．鮑許（Randy Frederick Pausch）

我從小自尊心就特別強，所以從未請求他人幫忙過。然而這樣下來的結果，即便是簡單的問題，我也經常獨自苦惱。但是聽了教授的話，我決定向他人求助，於是寫了 e-mail 給知名大學教授。但隨即就後悔了，覺得一定是白費工夫，對方不會理我。但沒想到剛才收到一封郵件，我用顫抖的手點擊開啟，發現竟是那位教授的回信，他不僅親切地答覆，還介紹可以提供協助的博士研究生給我。想想如果沒有教授您的提點，讓我了解「向他人請求幫助，會發現別人其實很樂意」，我不可能做這種嘗試。

——因為自尊心而難以請求幫助的大四男生

請求幫忙，問題就容易解決

一名住在外縣市的學生問道，他希望考上首爾某大學研究所，但不知道該怎麼做。於是我告訴他可以誠心誠意寄一封 e-mail，給那位他希望能接受指導的教授，請求教授的協助。前面就是那位學生收到該教授的回信後寄給我的內容。有很多人不知道可以請求別人幫忙，或是不敢、不願拜託別人幫忙，即使真的需要幫助也得不到幫助。這是為什麼呢？有幾個原因：

第一，大多數人認為，如果說我不知道、我不會，就會被他人嘲笑和輕視。特別是男人，即使知道自己走錯路也不肯去問路。根據英國皇家汽車協會（Royal Automobile Club）的調查結果顯示，男性在不知道路的情況下，平均會堅持二十分鐘不問路，就算同行的女性催促「拜託你就去問一下路吧」，至少也會堅持十分鐘以上不向他人求助。美國 ABC 電視台援引英國保險公司的統計資料，報導男性駕駛人因自尊心作祟不問路的結果，平均一年會多開四百四十四公里的冤枉路。

對於任何事情都一定要自己解決的人，會認為向別人請求幫助無異是乞討。但意外的是，人們認為能說出自己「不知道」的人，是坦率、謙虛、堂堂正正的人，會對他產生好感。世界級大文豪馬克．吐溫（Mark Twain）曾說：「我有迅速回答、讓人開心的優點，我只是說：『我不知道』。」所以如果不知道就直接說「不知道」吧。當然，這不是容易的事。英國作家威廉．薩莫塞特．毛姆（William Somerset Maugham）也說：「直到生命快結束時，我才意識到說出『不知道』是多麼容易的事情。」

第二，因為覺得可能會被拒絕。但是我們沒有必要害怕被拒絕，尋求建議並請求幫助是我們的決定，是否提供建議和幫助則是對方的事，只要尊重對方的選擇就可以了。

第三，因為認為有能力主導生活的人不會提出請求。某天，一名學生來研究室找我，表示提交論文計畫的最後期限將至，但他仍未找到主題，已經呈現自暴自棄的狀態了。我問他是否盡了全力，學生用很可憐的聲音說：「我盡了最大的努力，但顯然沒有能力……」，我問他「為什麼不向我請求協助？」還告訴他「盡最大的努力包括向別人請求幫助」。所謂具備主導性的意思，也包含了會請求他人協助與指導。我先肯定那名學生一直以來都未尋求他人的幫助而有今日的成果，真的非常了不起，但從現在開始，可以試著找別人幫忙，更從容地發揮主導性。

在諮詢的過程中，會遇到很多在生活中遇到挫折和絕望的人。仔細分析，就會發現他們有一個共同點，總是無法正確地提出要求。餐廳老闆哭喪著臉說生意不好，一下子跑去找創業顧問，一下子又去美食名店請益，但我從來沒有聽過那些我常去的餐廳老闆們，拜託我多帶客人去捧場。即便是帶了朋友去用餐，也沒聽過一句謝謝。如果拜託一百個人，至少會增加一位新客人吧？看到熟客帶朋友來用餐時，如果能向客人表達謝意，那麼熟客下次是不是還會帶其他朋友來呢？沒有別人的幫助，誰都無法過上富足的生活。未能如願意味著沒有得到適當的幫助，而未得到適當的幫助就是沒有提出正確的請求。根據實測，一邊請求他人幫助一邊減重的人，比自己默默努力的人減重成功機率提高三倍。

無論在哪裡、做什麼，必然有事事順利的人。他們無論找工作、請教授寫推薦信，或是經營餐廳，總是比別人更有機會得到自己想要的東西。而他們有一個訣竅，就是可以適當地提出要求。坦白說「我不知道」、適時向他人請求幫助，為什麼對成功這麼重要呢？因為藉此可以學到更多東西，也不用浪費時間和精力。生活中想要尋找捷徑，最可靠的方法就是向走在前頭的人問路。

要問才會有答案，要提出請求才能得到幫助。所以需要幫助的話，就先提出請求吧。請求這件事，就像阿拉丁的神燈一樣，能讓人獲得想要的東西，因此被稱為「阿拉丁效應」（Aladdin Effect）。

需要的時候就要知道應該請求幫助，因為：第一，主動詢問或請求幫助的人比起不這樣做的人動機更強，動機強的人做任何事情都有很高的可能會成功。第二，會請求的人是謙虛的人，而謙虛的人也比較容易得到別人的協助。實際上，不謙虛的人通常會因為自尊心太強而無法向別人低頭請求幫助。第三，要去請求幫助，才會找到可以提供幫助的人。

求助的行為就像對世界發出信號。不問就是不想學，不求助就代表並不迫切。孔子曾說過「不憤不啟，不悱不發」，何止孔子是如此呢？

所以不要猶豫請教別人，不要害怕請求幫助。這樣還可能讓你把視為競爭者的人變成朋友，或者將敬畏的人變成導師。沒有人會討厭向自己請教的人，也沒有人會排斥前來尋求建議的人。比起向他人請教，人們會更喜歡向自己求教的人，而不是想教自己的人。而且比起給自己忠告的人，人們會對向自己尋求建議的人更有好感。為什麼呢？因為人們不會向不信任的人尋求建議，也不會向不尊敬的人學習。如果不喜歡對方，就不會向他請求幫助，這是人之常情。因此，請求幫助不僅讓得到幫助的人帶來快樂，助人者心情也會很好。近代心理學之父威廉・詹姆士（William James）這樣說：「人類最根深蒂固的本性就是被認可的欲望。」

如果你曾經因為幫助過某人而感到高興，那麼也應該給他人提供這樣的機會。如果向某人請求幫助，能讓對方有機會感受到自己是「有價值的存在」，以結果來看就是向對方提供了親切和好感。所以不要太猶豫，需要幫助時就呼喚阿拉丁神燈的精靈吧。二十一世紀的精靈可以透過電話、e-mail、網路社群、通訊軟體等各種方式呼叫。

不要自我揣度之後先放棄

蘭迪．鮑許教授在生命即將走到盡頭前，仍用盡全力進行演講，感動了全世界數千萬人。他在著作《最後的演講》中，回顧了與去世的父親最後一次去迪士尼樂園的旅行，表示如果有什麼想要的東西，就要鼓起勇氣提出來。

四歲的兒子希望可以與單軌電車的駕駛一起坐在駕駛車廂內，喜歡驚險刺激的父親也希望如此，但想想一般遊客應該是無法進入，所以打消了念頭。但我卻試著問工作人員：「抱歉，請問可以讓我們三個人坐第一節車廂嗎？」沒想到工作人員回答：「當然可以，先生。」

不要因為自己覺得應該不可行，就決定放棄。沒有嘗試過就不要提前放棄，覺得好奇就問一問。如果需要幫助，就拜託別人。當然可能會被拒絕，可能會感到挫折。但是只要鼓起勇氣去問，相信可以聽到比預期更多的「當然」。

不過也不是盲目詢問，不能隨便請求幫助，若想得到確實的幫助，首先要讓對方產生想提供幫助的想法，也就是要提出對方不得不幫助的理由。沒有人會在不知道對方是誰、不知道為了什麼的情況之下提供幫助。因為無論做什麼，人都會需要理由。除了請求者的理由，接受請求的人也有想幫助對方，或不得不幫的理由。另外還要記住一點，「光是在心裡想並沒有用，沒有表達出來的善意並不是善意」。只有適當地向外表達想法，才能正確地傳達給對方。

至於要怎麼做呢？首先，告訴大家你做了哪些努力。所謂「天助自助者」、「盡人事，聽天命」，也就是說，只有先做完自己該做的事，上天才會幫助你。不只是老天爺，在這世界上沒有人願意幫助那些不付出任何努力、只希望得到幫助的人。想要確實得到幫助，就要讓對方知道自己的努力和執行過程，並讓對方相信他的幫助是有意義的，相信你是值得幫助的人。

第二，要提出與眾不同的要求。在尋求建議的同時，很多人會說得很籠統或用和別人一樣的方式提出請求，這樣無法引起對方的興趣。如果想得到幫助，首先要真心尊重對方，並具備學習和謙虛的態度，展現誠意與對方接觸。沒有人會幫助態度隨便的人，若想確實得到有用的幫助，就要提出有別於他人的要求。如果對方沒什麼反應，就先檢討一下自己的態度有沒有問題吧。

第三，要承諾回報，反饋成果。很多人只是一味請求別人，也有不少人在得到幫助之後就消聲匿跡。一項研究顯示，若不是很認真的請求，那麼得到幫助的機率不超過百分之二十五。如果表示會把後續成果回報給對方，那麼得到幫助的機率就會躍升至百分之八十以上。無論哪種關係，只有單方面受益的關係絕不會持續很久。如果不知道該用什麼來報答對方，可以站在對方的立場思考。得到了建議或幫助，就應該把成果反饋給對方。沒有人願意把時間和精力投入在看不到成果的事情上，對於那些連結果都不告知的人，下回也不會再去幫助他們了。當再次向某人請求幫助而對方拒絕時，很可能就是上回提供幫助時沒有得到反饋的關係。

讓對方樂於提供幫助的三大要點

1. 告訴對方自己已經做了哪些努力和實踐過程。
2. 以尊重的心和謙虛的姿態，提出確切的要求。
3. 承諾回報結果，並提供成果反饋來表達感謝。

在尋求建議或請求幫助時，不少人會像唐吉訶德一樣，不管三七二十一地表達，誤以為這麼做代表有勇氣，但是這樣並無法得到想要的幫助，只會一再感到挫折。也有很多人覺得別人幫我是理所當然，但這種人下回就不會有人願意提供幫助了，因為沒有人願意幫那些不知感恩的人。他們會被貼上「寡廉鮮恥」、「自私自利」、「沒良心」等負面標籤，就算是不求回報的人，下次也不會提供幫助。因為那些人即使幫他也沒有任何意義。

向家人和下屬請求幫助

無論什麼事，若涉及他人的參與，那麼要提高執行力就必須要懂得提出請求。例如下定決心在聖誕節前戀情能開花結果，但如果對方根本就不願和你約會，那就不可能有結果。想要有個和睦的家庭，也必須得到伴侶的協助。想提高銷售額，如果無法說服顧客購買商品，就無法實現目標。我們無法獨自生活，一定會與他人有交集，若想在這樣的世界中如願以償，就必須學習和掌握能夠取得有效協助的方法。

不懂就問，有需要就求助，對象並不限於前輩或主管。領導能力出眾的上司若有必要也會毫不猶豫向下屬請教。幸福的夫妻懂得在困難的時候向對方求救。受人尊敬的老師和父母也懂得向孩子詢問自己不清楚的事，為了幫助孩子有時也需要請其他學生幫忙。建立和睦的家庭、減少家庭紛爭，不能只靠一個人的信念，應該向伴侶及孩子尋求協助。

「爸爸需要你的幫助」、「可以幫一下媽媽嗎」，用請託代替指示或命令，這樣會有幾個好處：第一，減少孩子的排斥感，更可能說服孩子。第二，孩子感受到尊重，對自己也會自重。第三，和孩子的關係會變好。

如果他人未提供幫助，通常有兩個原因，一是沒有請求協助，另一個是沒有恰當地請求幫助。有些難題對某些人來說可能不是問題，戒菸、減肥、賺錢、維繫家庭和樂，我們尚未解決的問題，一定有人已經解決了。因此，不管什麼問題，最有效的解決方法就是找到比自己先解決問題的人，向他請求幫助。

你有什麼事需要協助呢？誰可以提供協助？為了得到幫助，從現在開始你該做些什麼？

Stop, Think & Action

Stop：找出一個過去因沒有向某人詢問或請求幫助，而無法解決的問題。

Think：為了得到幫助，想一想必須記住的三項要點。

Action：找一件希望別人幫忙的事，想好要如何提出請求，得到幫助後怎麼回報，然後馬上試試看吧。

One More

拜託別人幫忙，關係也會變得親近

美國開國元勳班傑明．富蘭克林（Benjamin Franklin）在競選賓州議會書記時，一位議員發表了擁護競爭對手、誹謗富蘭克林的演講。但最後那位議員支持的候選人落選，富蘭克林當選，而兩人的關係也越來越差。富蘭克林想改善與他的關係，但又不想表現得卑躬屈膝，這時他突然想到「施比受更有福」這句話，決定來做個實驗。富蘭克林給那位議員寫了一封信鄭重地提出請求，「聽說你收藏了一本非常珍貴的書，不知道可否借給我幾天？」那位議員立即把書帶來借給富蘭克林。幾天後，富蘭克林在還書時附上一封真誠的感謝信。當下次他們在議會見面時，那位議員一改之前的態度，主動與富蘭克林說話。後來兩人成為好朋友，深厚的友情一直持續到離開人世。

提供幫助的人會對請求幫助的人產生好感，這在心理學上稱為「富蘭克林效應」（Benjamin Franklin Effect）。

現在，你有沒有想與誰改善關係？為了改善關係，有什麼事是可以請對方幫忙的呢？

12

觀察並記錄，結果自然會不一樣

Self-Monitoring

記錄自己活動的人比不記錄的人，實現目標的機率更高。

——M．J．萊恩（Mary Jane Ryan）

之前票選我們班的班訓，結果由「媽媽正在看」中選。提出這句話的同學說，在上課時就算不認真想玩，只要看到這個班訓就會努力學習。離家在外求學的我，把與媽媽的合照放在桌子上。有一天，同學到我房間玩，其中一個同學看到桌上的照片，把它翻過去說：「媽媽出去了，我們盡情地玩吧！」

——想趁沒人注意開心玩的高二女生

如果有人在看，行動就會不一樣

前面高中生的故事帶給我們什麼啟示呢？在有人看著和沒人看的時候，我們的行為可能會完全不同。一般認為如果想到有人正在盯著，那麼犯罪率會明顯下降。

韓國首爾市江南區廳在二〇〇四年試辦設置監視攝影機的結果顯示，五大違規事件犯罪率比前一年同期減少百分之三十七，搶劫、竊盜案件則減少了百分之四十一。此外，自二〇〇四年八月起安裝監視攝影機之後三年期間，違規案件數量減少了百分之三十二．九，搶劫案減少了百分之五十二．五，竊盜案則減少了百分之五十一．一。

只要想到有人在一旁監視，或是有監視攝影機錄下自己的一舉一動，人的行為就會發生變化。哈佛大學進行了一項研究，看看在募捐箱旁放置人形機器人，對募捐金額的變化有何影響。研究結果顯示，當放置機器人時，比沒有放置時多了百分之三十的捐款。

不一定是人或機器，甚至只要照片中的眼睛盯著看，人的行為就會不同。英國紐卡斯爾大學做了一項研究，在大學學生餐廳內設置無人商店，銷售咖啡、牛奶等。在收費箱的上方，第一週貼上花朵的照片，第二週則貼了一個人眼睛盯著鏡頭的照片。最後統計各週的銷售額，結果顯示，貼上人像照片的那一週，銷售額上升了二・七六倍。

我認識的一位教授，把最喜歡的三盆蘭花放在公寓走廊，結果有一天花盆竟然不見了。於是他在紙上畫了一雙大大的眼睛，連睫毛都畫得很逼真，並在下面寫了：「媽媽，您種了幾十年的花最近總被人拿走，只希望它們到了別人家也能好好成長。」從那天以後，花盆就再也沒有消失過。

照片或圖片中的眼睛為何能改變我們的行為？那是因為我們的大腦把照片中的眼睛誤認為是真實的眼睛。當人們發現有人在盯著看時，會不知不覺意識那道目光，因為人的臉和眼睛在進化過程中成為大腦中的強烈信號。所以我們看到畫中的眼睛、想像中的眼睛，都會與看到真實的眼睛一樣有類似的感覺。

以為沒有人知道就拖延行動時，不妨在腦海中想一下某人的眼睛。可以是神的眼睛、媽媽的眼睛、孩子的眼睛，也可以是自己的眼睛。心理學家理查德・懷斯曼（Richard Wiseman）透過實驗發現，當人吃東西時，如果把鏡子放在面前，那麼吃下不健康食物的量會減少百分之三十二。因為看著鏡子裡的自己，人會更加意識到自己的身體和行動，不知不覺就會選擇對健康有益的食物吃。

不管是什麼樣的眼睛，只要覺得那雙眼睛在看著自己，就可以做出更明智的選擇。可以回想看看給予鼓勵和支持、充滿愛的眼睛，也可以想像用未來的眼睛溫暖看待現在的自己。只要用鉛筆畫上眼睛，並貼上「○○在看」的字樣，就能讓心情平靜，產生力量。

觀察並記錄，實踐可能性就會提高

比起一個人在家做運動，去健身房會更努力運動，因為有很多人在旁邊。當我們感覺到有人在看時，就會不知不覺精神緊繃。小學時，督學到校巡視的日子，授課的老師、聽課的學生都會和平常不太一樣。我們的行動在自己觀察自己的時候也會有所不同。

只要觀察或記錄某人（包括自己）的行為，就會發生變化，這在心理學上稱為「反應性效應」（Reactivity Effect）。而為了誘導反應，透過觀察和記錄自己的行為來修正行為的方法，稱為「自我監控」（Self-Monitoring Technique）。

小時候，老師會請班長把吵鬧的同學名字寫在黑板上，因為觀察和記錄會改變孩子的行為。自我監控可以廣泛運用於時間管理、儲蓄、運動、戒菸、戒酒、減肥等。根據研究，在減肥計畫中仔細觀察並記錄飲食量和運動量的人，比沒有記錄的人更能成功減重。

為什麼觀察和記錄會讓人發生行為變化呢？首先，觀察會讓我們的行為往更好的方向變化。想想家裡有客人時，父母對孩子的語氣是不是會不一樣？如果觀察某人寫筆記並評價他寫的字，他的字體就會發生變化。

第二，透過觀察找出影響自己行為的原因，可以更有效地進行自我管理。例如知道自己大部分時間都浪費在上網搜索，就可以把首頁換掉。

第三，觀察結果有反饋或補償的作用。例如減肥時記錄飲食時間、分量等，這行為本身就會成為反饋，可以控制暴飲暴食。觀察並記錄自己的行為，就可以根據這些數據找到更有用的策略。另外，還可以在問題變得嚴重之前採取措施。阿波羅號成功登月是因為持續受到監視，因此只要稍微偏離軌道，就會立即進行修正。

作家也使用觀察和記錄的方法來管控自己。例如厄尼斯特·海明威（Ernest Hemingway）在寫文章時，為了遵守與自己的約定，在羚羊標本的鼻子下面掛了張表格，記錄每天寫了多少。這麼做讓他寫的文章量比預想的要多，隔天就算在海邊釣魚一整天也不會感到內疚。歐文·華萊士（Irving Wallace）也有在寫作時記錄工作內容的習慣。「我從十九歲開始寫第一本書時，就同時一直記錄，記下每一章動筆的日期、結束的日期和分量。身為自由作家，在沒有雇主或截止時間的情況下獨立工作，需要能夠規範自己的規則。貼在牆上的圖表可以帶給我督促或鼓勵的作用。」

自我監控三步驟

1. **步驟一：**用某人的眼睛或自己的眼睛觀察。密切關注自己的行為，就不會走偏，也不會忘記實踐。
2. **步驟二：**利用數值記錄觀察結果。將數值做成圖表貼在牆上。只有親眼確認實踐結果，才會發生變化。
3. **步驟三：**把變化告訴別人。將實踐結果或變化上傳到部落格，或以簡訊、聊天訊息或郵件告訴別人。因為公開就不容易放棄，也可以得到建議和鼓勵。

聽說我的一名指導學生在準備論文時，將我的照片貼在書桌前，並寫了「〇〇啊，論文正按計畫進行對吧？」也有學生每天早晨將起床時間上傳到自己的社群網站，藉此改掉爬不起來的習慣。如果有想要付諸實踐的決心，請分享到部落格或社群網站上，追蹤者不多也沒關係，只要帶著也許有人會看到的想法，至少自己會看到，那麼實踐的可能性就會大大提高。

無論做什麼事情，如果自己成為觀察對象，就會有自覺意識，並會努力做好。對某件事專注，必然會比漫不經心地做得到更好的結果，因此，如果能有意識地專注於正在做的事情上，就會表現得越來越好。如果想透過觀察和記錄澈底改變行為，就要盡可能讓結果明顯可見。

憑觀察和記錄，擺脫十三年的幻聽

心理學家伊凡．勒特納（Ivan Rutner）用自我監控的方法，在短短半個月內改善了思覺失調症患者的幻聽，令其他專家大吃一驚。患者是一名在精神病院住院十三年的四十七歲女性，她最大問題是時不時會聽到「快睡吧」之類的幻聽。醫療人員要求患者每次聽到幻聽時都要報告，並記錄在護理站牆上掛的表格中。不僅是患者本人，其他患者和護理人員都會看到。第一天足足有一百八十一次幻聽記錄，但隨著持續記錄，開始發生戲劇性的變化。第二天降至八十次、第三天十一次、到了第四天竟一次也沒有。接著從第五天到第十六天，幻聽次數多則十六次，最少零次，第十六天之後幾乎沒再發生幻聽，一直到六個月後才又出現幻聽問題。

如果想減肥擁有苗條身材，先買一個磅秤，在磅秤旁的牆壁貼上體重記錄表，每天量體重，用藍筆記錄數值，再用紅筆畫出以體重為縱軸、日期為橫軸的每日變化曲線圖。如此一來，就可以看到因外出用餐或前一天晚上吃宵夜而造成的體重變化，藉此調整飲食和運動量就會變得容易許多。

有研究結果顯示，只要定期測量體重，體重就會減少。丹・布特納（Dan Buettner）在他的著作《藍區挑戰》（*Blue Zone*）中強調：「磅秤是提醒自己不要暴飲暴食最簡單有效的工具。」他的研究針對三千零二十六名希望減重的女性進行追蹤，結果顯示，每天量體重的女性在兩年後平均減少了五・四公斤；相反地，未定時量體重的女性平均增加了二・二公斤。也就是說，每天量體重的人，兩年後比未定時量的人輕了七・六公斤。所以把磅秤放在經常經過的地方，每天固定量體重吧。量體重是能減輕體重並長久維持的最簡單可靠的方法。

如果覺得一整天忙得不可開交，但工作沒有減少，只增加了壓力，那麼就應該檢查一下自己是如何度過時間的。拿出筆記本，寫下各個工作的內容和執行時間。只要好好記錄一週，就能找出原因。有位學生找我諮詢過後，用筆記本記錄自己什麼時間做了什麼事，檢視之後與我分享：

在最初的幾天，我一邊觀察自己，一邊記錄自己念書的時間，結果發現實際上我浪費了很多時間。除去三小時的上課時間，念書的時間只有一小時二十分鐘，這一點讓我非常驚訝。但是在記錄之後發生了神奇的變化。沒想到我只是記錄，念書的時間就逐漸增加了，真是讓我覺得非常意外。最大的原因可能是因為在記錄的同時必須密切關注自己的行為，我認為之前會浪費那麼多時間，是因為我沒有意識要專注於自己的行為，感覺都是漫不經心地去做，才會虛度了時間。

有人希望改掉愛抱怨的習慣，我告訴他一個最簡單有效的方法：「抓一把棋子放在左邊的口袋裡，每當有不滿的時候就拿一顆到右邊的口袋，晚上睡覺前數數還剩多少，就會發現抱怨減少了。」

想雕塑身材嗎？每週拍一次照片，然後上傳到社群網站上展示變化過程。想減少上網時間，就用父母的照片設為桌面背景，感覺好像在監視自己一樣。想減少遊戲時間，就用倒數計時器，只在限定的時間內玩遊戲。想減少消費，就勤記帳。想改掉愛發脾氣的習慣，就記錄自己什麼時候在哪裡、發了幾次脾氣，把結果做成圖表，貼在大家都看得到的地方。若想維持決心，就要時刻監控自己，然後把結果告訴別人。

對你來說最重要的是誰的眼睛？你想在那雙眼睛的注視下改變什麼？

Stop, Think &Action

Stop：想一想，有什麼事是自己不夠專注，只是漫不經心地做，而未能好好實踐？

Think：找一個想透過自我監控（觀察和記錄）改變的習慣。

Action：為了促成改變，請寫下觀察的內容和記錄方法，並將其公開。

One More

只要掌握運動量，健康就會好轉

眾所周知，運動有助於緩解壓力也能促進健康，但是，僅透過掌握自己的運動量，健康就能變好嗎？二〇〇七年，哈佛大學的艾莉亞．克拉姆（A. J. Crum）和艾倫．蘭格（Ellen J. Langer）教授透過實驗證明了這個事實。該實驗共有七間飯店的八十多名員工參與。研究團隊向一部分員工告知運動效果和每天消耗的熱量。為了幫助他們具體掌握自己的運動量，還將員工的所有活動和相對消耗的熱量製作成冊分發，並貼在休息室的公告欄上。另一組員工則未被告知以上訊息。一個月後進行健康檢查，發現得知運動效果和消耗熱量的員工，體重、體脂及腰圍都明顯減少，血壓和壓力指數也降低了；對照組則沒有發生顯著的變化。

即使做同樣的事，只要留心觀察，有意識地專注於自己的行動，我們的身心都會發生變化。想一想，平時總是漫不經心做的事當中，有沒有哪一件是從現在開始想專注並留心觀察的事？

13

不要沉溺於簡單的工作而誤了正事

Low-Level Thinking

僅僅勤奮是不夠的。螞蟻也很勤奮，你又是為了什麼而勤奮？

——詹姆斯．瑟伯（James Thurber）

玩夠了，現在決定開始念書。「但要從哪裡開始呢？先整理一下書桌好了。」於是整理抽屜，發現以前的筆記本，忍不住翻閱起來。想整理放在書架上的相簿，卻忍不住看著一張張照片沉浸在回憶中。整理以前的考試卷時，忍不住又把放在旁邊的漫畫拿來看。為了喝水打開冰箱，卻忍不住把點心都拿出來吃。為了丟垃圾而打掃了房間，結果又把傢俱重新調整位置。結果，一開始要念的書都還沒念，就這樣已經晚上十二點了。到底為什麼我老是把原本的正事拋在腦後，盡做一些雜七雜八的事呢？

——直到考試前一天還在整理房間，沒能好好讀書的大二男生。

整理書桌是為了要念書，還是因為不想念書？

在準備做重要事情的過程中，常會因為接連不斷做其他瑣碎的事，而把真正重要的事越推越後面。人們為什麼不立即做應該做的事呢？最重要的原因就是真正該做的事通常都不想做。為了避免做不想做的事，最簡單的方法就是找出既容易做又和原本的事有關聯的其他工作。「為了好好念書，要先整理書桌」，但這是膚淺的理由，隱藏的真正動機應該是「整理書桌的時候就不用看書了吧」。

讀書會、到超商打工、上英語補習班、兼家教、參加社團活動，許多學生每天總是東奔西走，忍不住訴苦：「我比任何人都努力生活，但不知為什麼感到空虛。」時間久了，他們會一邊嘆氣，一邊喃喃自語：「我一直都很努力，但好像也沒做什麼。這真的就是我的人生嗎？」

當人們有真正重要但又不想做的事（要求高的事）時，他們傾向透過簡單的事（要求低的事）來逃避壓力，這稱為「低層次思維策略」（Low-level Thinking Strategy）。不只是因整理房間拖延念書的學生，因看報紙、與人聊天或整理通訊錄而拖延拜訪重要客戶的業務員，也屬於這種情況。

主婦在決定打掃或洗碗的瞬間，無法馬上起身也是因為這個原因。打掃之前打開窗戶換氣，馬路對面映入眼簾的是黃燦燦的迎春花，不禁讓人想起高中的校園、想起同學，於是找出電話號碼，打電話與久違的同學聯絡。看到放在電話機旁邊的遙控器，順手拿起來打開電視……。就這樣只是打開窗戶，卻接連做了其他事，真正該做的打掃工作都沒有開始。

每個人都會有為了逃避做不想做的事、為了消除不安而做些不重要的事的經驗，我偶爾也會這樣。如果你覺得自己很努力生活，卻不時覺得心裡很空虛，就有必要問自己這樣的問題：「做這件事的原因是什麼？」如果能想到像樣的理由（Good Reason）就再問自己：「做這件事的真正原因是什麼？是不是因為不想做重要的事，而去做不重要的事呢？」

被無關緊要之事吸引的三個理由

- **目標不明確：**沒有明確的目標，無法區分重要和不重要的事。
- **做起來簡單又愉快：**不重要的事本身也有其意義，且大部分都很容易做，做起來很輕鬆愉快。
- **提供藉口：**在逃避重要事情的同時，還能成為自己有在努力生活的藉口。

走在前頭的人，熱身的時間短

做事拖拖拉拉、把重要的事情往後推的人，對壓力的控制較低；相反地，習慣馬上開始工作的人，大多對壓力的掌控力很高。他們相信自己能做好，相信自己已經領悟到做事的訣竅，已學會有用的方法。

能馬上展開工作的人有另一個特點，就是善於整理和整頓。整理和整頓雖然相似，但意義不同。清理並丟棄不必要的東西稱為「整理」；將需要的東西分類、歸位稱為

「整頓」。想要好好念書，就要把與念書無關的東西整理掉，把所需的書、筆記本和文具放在適當的位置。我有時候會環顧四周，看著某樣東西問自己：「這個應該要在哪裡？」然後將東西歸位。

下班時，回想一下當天做的事，並把桌子收拾乾淨，然後確認第二天要做的工件，先把相關資料放在桌上。這樣做有幾個好處：第一，回顧當天做了哪些事，可以帶著滿足的心情下班。第二，不僅可以減少當天錯過重要事情，也可以減少第二天錯過重要事情的機率。第三，第二天上班可以馬上開始工作。不只是念書或工作，做家事也一樣，在結束後立刻整頓好的話，下次就可以立即展開。

「書桌不好好整理的人，絕對無法好好工作。」這是自我開發專家布萊恩．崔西（Brian Tracy）的話，我也贊同。不過我想補充一點，「為了整理書桌而把真正重要的事情放在一旁的人，絕對不會成功。」

減少熱身時間的三步驟

- **步驟一：尋找隱藏動機**。開始工作前，如果熱身時間太長，就停下來問問自己：「想逃避的重要工作是什麼？」
- **步驟二：調整順序**。若因事前整理書桌而拖延了念書，那就改成念完書後再整理書桌。如果想「打完電話再去洗碗」時，就改成「先洗碗再打電話」。
- **步驟三：提前做好準備**。要營造可以馬上開始的條件。今天的工作結束後，就先做好第二天工作的準備，以便隔天可以立刻著手。

讀書時打開電腦，查詢資料時瀏覽到有趣的網頁，就會點擊開來，看著看著，其他網頁又接二連三出現，結果最後該念的書都沒念。在收到教授的郵件後，我尋找問題的根源，發現最主要的原因是把入口網站設為首頁，才會不時看到各種不相關的資訊。為了防止這種情況發生，我修改了設定，把首頁換成我想應徵公司的網站。神奇的是，讀書效率得到大幅改善。

這是一位即將畢業成為社會新鮮人的學生分享的經驗。如果因為習慣在網路上到處瀏覽而浪費太多時間，就整理一下電腦，把首頁換成與目標或工作有關的網站。如果決心早晨運動，睡前就把運動鞋和運動服放在床頭。

努力工作，不等於有生產力的工作

經營顧問丹尼斯・魏特利（Denis Waitley）這樣說過：「失敗者總是為了緩解緊張而工作，勝利者則是為了達成目標而工作。」成功的人比別人早上班，他們會先從那些能取得重要成果的事情開始做起，閱讀有助於實現目標的書籍，學習提高技術，集中精力做有價值的事情；相反地，失敗者則通常是勉強準時上班，悠閒地喝咖啡、看報紙或滑手機，先和同事聊個兩句，然後才展開一天的工作。短期來看，這些事可以讓人感到愉快，但把眼光放遠，就會發現那些人在一天最有效率的時間，首先做的卻是沒什麼價值的事。失敗者是先樂後苦，成功的人則是先苦後樂，所以會先做失敗者不喜歡做的事。

有位學生到研究室來找我，說他雖然放假了，但還是忙得不可開交。我問他在忙什麼，他自豪地說自己不僅去運動，也在舞蹈補習班教跳舞，還接了五個英語家教。我問他為什麼接那麼多家教，他說：「為了賺錢。」我又問：「你要升大四了，上次說為了求職問題想去拜訪一個人，後來去了嗎？」結果學生撓了撓後腦勺說：「還沒來得及去拜訪。」我說：「每個人偶爾都會為了躲避真正重要的事，而努力去做一些不是那麼重要的事。如果現在生活太忙碌，就應該暫時停下手邊的工作，問問自己：『是不是為了躲避重要的事而這樣生活？』」不久之後，這位學生寄了 e-mail 給我：

我一直比其他同學更努力生活，認識各個領域的人。考上大學後，我對自己在經濟上完全獨立感到非常自豪。但是聽了教授的話，有當頭棒喝的感覺，不禁想到：「我拚命打工說不定只是為了逃避學習的藉口。」「沉迷於不重要的事，就不能做真正重要的事」、「我是不是為了躲避重要的事而故意去做一些沒那麼重要的事」，這些話打醒了我。我了解到我比別人更努力生活其實是為了逃避，是變相的懶惰。現在我要好好整理在工作和人際關係中不需要的部分，以長遠的眼光找出對我重要的事，準備朝我想要的未來邁進。——差點就窮忙過一生的學生敬上

如果覺得自己總是很忙，但一直看不到成果，這時可以問問自己：「我是有生產力的在工作嗎？或者只是為工作而工作？現在做的是輕鬆的低層次工作嗎？心中隱隱想逃避的高層次卻不想做的事又是什麼？」

Stop, Think &Action

Stop：找出自己應該做卻無法馬上開始的重要工作。

Think：為了逃避真正重要的事，現在做了哪些不重要的事？

Action：現在應該放棄的不重要的工作是什麼？再找一件現在必須馬上執行的重要工作。

One More

只不過是換了一件家居服

法國啟蒙主義思想家德尼·狄德羅（Denis Diderot）某天收到一份禮物，是一件非常高檔的深紅色家居服。問題就是從那時開始發生，首先書房慢慢起了變化，書桌與優雅的家居服形成鮮明對比，不知為何感覺特別陳舊、簡陋，於是他換了張新的書桌。過了一段時間，又覺得牆上的掛勾看起來很土，於是買了新的掛勾。接著是椅子、時鐘、衣櫃、書櫃，都一一換新。最後，他把整個書房都改變了，發現只有自己沒有改變。

像這樣，因為新買了一樣東西，而把圍繞在周圍的其他東西都更換，好與之相配，這種現象稱為「狄德羅效應」（Diderot Effect）。這不僅適用於消費行為，也可用來說明在學習、商務、人際關係等所有情況。人如果做了一件沒什麼用的事，就會連鎖性地做出其他相關但也沒什麼用的事。就像狄德羅因為一件家居服而浪費時間精力去更換書房裡的所有東西，最後卻無法寫出真正重要的文章，而被憂鬱症折磨。

現在你正投入在某件不重要的事情裡嗎？因為那件事而沒能完成什麼重要的事呢？

第三章

維持

不到最後絕不放棄

即使所有的可能性都試過了，
但仍然存在著可能性。

Maintaining Habit

14

將自己定義得更廣，就能做更大的事

Self-Definition Effect

每個人都有自己的集中營。

——維克多．弗蘭克（Viktor Emil Frankl）

「喂！瞧不起賣紫菜飯捲的人嗎？到底把人當什麼了！」

我忍不住與酒醉的客人吵了一架，最後還被帶到警察局。和氣生財，這道理我怎麼會不懂呢？做生意想成功，就要對顧客親切，我怎麼會不知道呢？一邊想著小不忍則亂大謀，一邊忍著。但那個傢伙年紀明明比我小，卻一直用不禮貌的話挑釁，實在讓人忍無可忍。在深夜的便利超商經常會發生這樣的事情。

——因與顧客爭吵而自責的四十多歲超商經營者

就算是賣紫菜飯捲

寄了 e-mail 給我的超商經營者在信中說，最後忍不住抓住對方衣領的理由，是因為自尊心受到傷害。當然，這句話沒有問題，但還有更重要的理由，是因為他把自己認定為「賣紫菜飯捲的人」；如果他把自己定義為「夢想成為連鎖超商企業的 CEO」，那麼可能會表現出完全不同的態度。也許是在日後成功了接受採訪時被問到成為優秀企業家的祕訣時，才會提起這段往事，說不定反而會謝謝當初那個喝醉酒的客人，或許會像這樣回答記者的問題：

「在超商工作，難免會遇到一些不理性的顧客。每當這種時候，我都會努力尋找能夠緩解他們情緒的方法。最後這些人反而成為常客，還口耳相傳，讓我的營業額逐漸增加。要不是他們給我的試煉，我也不會有今天的成果，說實話真該謝謝他們。」

不能因為賣紫菜飯捲就把自己定義為「賣紫菜飯捲的人」，要想著在從事這項工作的同時，也可以成為照顧未來幼苗的導師、向工讀生傳授銷售技巧的教練、附近鄰居日常生活的顧問。如果擴大思考範圍、放寬對自己的定義，就能成就更大的事業，過上不同的生活。

我們的想法決定行動，行動決定命運。自我定義決定一個人的行動，進而決定一個人的命運，這稱為「自我定義效應」(Self-Definition Effect)。把自己定義為什麼樣的人，就會做出相應的行動，最終真的成為那樣的人。創意大師羅傑·馮·瓦奇（Roger von Oech）在他的著作《創意思考》（*Creative Thinking*）中用一句話定義了創意人的特徵：「有創意的人會定義自己為有創意的人。」實際上針對影響創意發揮的因素，有人從成長過程到教育背景等過程進行調查，結果發現差異只有一個，就是「有創意的人自認為很有創意，沒有創意的人不覺得自己有創意」。

每到學期初，我都會花時間向學生說明課程內容，然後請他們自我介紹。一般自我介紹大多是這樣，「我是心理學系三年級的○○○。請多多指教」、「我是電子工程系大一新生○○○。輔修心理系，希望與大家好好相處」。自我介紹結束後，我向學生提議，「大家不要把自己定義得太狹隘，可以用更開放的方式，例如「我是目前主修心理學的○○○。我希望成為讓世界上所有孩子都擁有夢想，無論多麼困難都不會放棄的漫畫家。」

如果用這種方式把自己定義得寬廣一些，會發生什麼變化呢？在教室裡，學生的眼神和表情會不一樣，到圖書館借閱的書和上網搜索的內容也會不一樣。日常的服裝和語氣會有所不同、喜歡看的報紙和聽的廣播也會不一樣。因此，可以預期五年、十年後，他們將會過著與自我定義狹隘的人完全不同的生活。

不一樣的自我定義，會看見不同的世界

有位清潔工總是比別人提早出門工作，他抽空自學了摩斯密碼。有一天，正好電報員都不在，這時一封電報傳了進來。當時規定除了電報員之外，誰都不能觸碰設備。他聯絡不上電報員，不得已之下冒著被處罰甚至解僱的危險，先接收了電報。事後老闆不但沒有解僱他，還允許他在電報員不在時可以代班。後來他成為鐵路公司的電報員，在鐵路公司他也把握機會學習鐵路相關知識。有一天，發生了列車脫軌事故，由於聯繫不上負責人，他只好又冒險透過電報指示變更鐵路路線，順利避免造成更大的危險。他就

是後來成為「鋼鐵大王」的安德魯．卡內基（Andrew Carnegie）。由此可以得到啟示，人如果想做更大的事業，就應該把自己定義得更寬廣。

不僅是個人，企業如果把自身限定得太狹隘，也會付出慘痛的代價。諾基亞（NOKIA）和愛克發（AGFA）都是百年企業。但是一家公司仍然蒸蒸日上，另一家則破產了。曾在世界手機市場占有率高居第一的諾基亞，原本是木材加工公司，但從九〇年代中期開始重新定義，發展ＩＴ領域的核心事業。相反地，愛克發將事業範圍限定在相機底片領域。在創業一百四十年後的二〇〇五年宣告破產。寶麗來（Polaroid）雖然率先意識到數位時代的到來，但由於對自身技術的自滿和狹隘的事業定義，最後也遭遇失敗。一九七五年，西奧多．萊維特（Theodore Levitt）在《哈佛商業評論》上發表題為〈行銷短視〉（Marketing Myopia）的文章中寫道：「鐵路公司停止成長並不是因為乘客和貨物運輸需求減少，是因為他們把自己限制在鐵路企業，而非運輸企業。」

蘋果以在電腦事業中累積的設計和軟體技術為基礎，重新定義其核心事業，推出劃時代的數位新產品 iPod，以及改變手機市場的 iPhone。後來，他們在公司名稱中乾脆刪除了「電腦」，完全改變以往「電腦公司」的形象，重新界定自己的事業，把倒閉的危機變成了飛躍的機會。

輕聲呼喊自己的名字：〇〇〇我是誰？

即使沒有意識到，我們的腦海裡也會刻印著某些印象，「賣紫菜飯捲的人」、「上班族」、「我怎麼可能會」、「到了這個年紀」等負面的自我定義，就算並未意識到，也已經深入到我們的心靈中，不知不覺地影響我們的行動。

人都會有「我是一個～的人」這樣的形象設定，會去尋找符合形象的證據，並強烈想進行相關的行動，這被稱為「自我一致性原則」（Principle of Self-consistency）。這個領域的先驅者普雷斯科特・萊基（Prescott Lecky）這樣解釋自我一致性的力量：「人們會下意識地認為自己的言行舉止，要與自我形象一致才合乎道德。」

一位憂鬱症患者來找我諮商，他說偶爾覺得開心時，會很快又不知所以然地感到內疚，不了解為什麼自己想要擺脫憂鬱症，卻又無法接受愉快的狀態。那是因為如果感覺與自我定義的形象不一致，心裡就會產生矛盾，心情也會受到影響。雖然很多人說自己無法擺脫憂鬱症才會一直憂鬱，但其實大部分是因為自認為是憂鬱症患者，所以才無法擺脫憂鬱的症狀。

一八六三年一月一日，林肯總統宣布解放奴隸，出乎意料的是，大部分的奴隸仍選擇像以前一樣留在原本主人家工作。曾經渴求的自由終於成真，為什麼他們卻還是維持原樣？那是因為他們在腦海中築起了籬笆，認為自己是命中註定要過這樣的生活。動畫片《落跑雞》（*chicken run*）的主角母雞金潔，對放棄逃亡努力下蛋的雞群大聲說道：「知道你們的問題是什麼嗎？養雞場的圍欄不僅在眼前，也在你們的腦海中！」

萊基透過實驗確認了成功和失敗取決於自我定義的事實。他透過長期的研究，發現學業失敗者在心裡常有這樣嘀咕的習慣：「看來我似乎是個傻瓜」、「我本來就不擅長寫作」、「我沒什麼數字概念」。心理學家柯林斯（J. L. Collins）也透過實驗發現，左右學生數學成績的因素，自信會比所謂數學資質的影響還大。即使數學能力差不多，但相信自己「數學可以學得很好」的學生，比不這麼想的學生，數學成績會逐漸顯著提高。因此，如果你把自己定義為「我就是沒有數學頭腦」，那麼你的數學肯定不會好。

如果想突破目前的生活面貌，只要把自己定義為「想成為的樣子」就行。想多讀一點書嗎？那麼，比起「多讀一點書」的目標，不如明確規範自己「每週至少讀一本書」。想成為執行力強的人，只要從腦海中擺脫「我是個意志薄弱的人」這種想法，相信自己是「下定決心就一定會實踐的人」。想盡情發揮創意嗎？那就設定自己是個「不管做什麼事都有與眾不同想法」的人。自我定義會引領我們朝目標方向前進，當我們認定自己是＿＿＿的人時，這個「自我定義的內容」，會以強大的力量督促我們成為那樣的人。

改變自我定義的三步驟

- **步驟一：** 尋找一個你一直無法付諸實踐的目標。
- **步驟二：** 找出阻礙你實踐的自我定義。
- **步驟三：** 將其轉換成可以成為改變的墊腳石的自我定義。

別人如何對待我們，完全取決於他們如何定義我們，而非我們實際上是什麼樣的人。同樣地，我們的態度和行動也取決於我們如何定義自己，因為無論對自我的認知是否正確，我們都會以與自己信念一致的方式行動。如果認定「我本來就不是會早起的晨型人」，那就永遠不可能比別人早上班。不能早起不是因為懶惰，也不是意志薄弱，而是自我定義為「不能早起的人」。因此，若想改變現在的生活模式，就不能再像以前那樣定義自己。

想創造偉大的成就，就應該把自己定義為更大的存在。很久以前，古羅馬哲學家塞內卡（Seneca）曾這樣說道：「不是因為事情困難，才讓我們不敢做；而是因為我們根本不敢去做，所以事情才變得困難。」

如果想成為和現在完全不同的人，首先應該對自己做出不同的定義，因為重新定義自我，行動也會跟著改變。以下是一位研究生寄來的 e-mail 內容，他在重新定義自己之後，人生目標和態度完全不同了。

上次與教授對談時，我曾說過我本來就有〇〇的傾向。當時教授對我說：「不要這樣在自己身上貼標籤！」聽了那句話，我有一種當頭棒喝的感覺。仔細想想，我好像總是習慣把自己限定為「〇〇」的人。在研究所發表研究成果時，覺得講課似乎很適合我，但我把自己定義為「不可能成為教授的人」，朝成為諮商師發展。但是自從教授點出了我內心的可塑性之後，讓我產生了「我為什麼不行」的想法，並昭告天下我決定成為教授。每當聽到有人用半開玩笑的方式叫我「〇〇〇教授」時，我都會覺得距離我一千萬公里之遙的「教授」這個職業，似乎又離我更近了一公尺。雖然或許會失敗，但是絕不能容忍連夢都不敢做。

如果再怎麼努力也無法改變行動，就應該要重新定義自己。自我定義改變了，行動必然也會發生變化。沒有什麼比你的想法更能限制你的成就，也沒有什麼比你的想法更能增加你的可能性。想要達成更大的目標，就要把自己定義得更大；想爬得更高，就要把自己放在更高的位置。記住，命運是由自己的想法所創造，賦予機會的第一個人就是你自己。試著輕聲呼喊自己的名字，然後這樣問自己：「〇〇，我是誰？過去是什麼樣的人？從現在起會成為什麼樣的人？」

我原本是＿＿＿＿＿＿的人。

我現在是＿＿＿＿＿＿的人。

Stop, Think &Action

Stop：尋找未能付諸實踐的決心，或很早就放棄的一個夢想。

Think：試著找出在腦海中阻礙實踐或放棄夢想的籬笆。

Action：重新定義自己，成為實踐決心的墊腳石，然後找一件符合新自我形象的小事，立刻付諸行動。

One More

從那時候開始，我的人生就完全改變了

我一生中印象最深刻的心理治療，是在我擔任紐約奧本監獄心理師的時候。有一天，一名囚犯在出獄前來找我，堅持向我道謝。他說在兩年前曾與我面談，後來一切就改變了。「從那時起，我開始在獄中學習，完成了高中課程，並取得製圖師的證照。我還去了教會，第一次寫信給家人。等我出獄之後，我一定要上大學。我真心感謝改變我人生的您。」但是不管我如何回想及翻找之前的諮商記錄，除了智力測驗之外，沒有進行過其他特別的諮商。他想了一下，斬釘截鐵地說：「就是您沒錯，當時您說我的智商很高。聽了那句話之後，我才知道為什麼我比其他獄友更擅長玩填字遊戲、喜歡下西洋棋，為什麼比起爵士樂我更喜歡交響樂。」他一再強調，因為我的一句話，讓他對自己

和世界的態度完全改變。

這個故事是心理治療大師雷蒙德·科西尼（Raymond J. Corsini）在他的書《當代心理治療的理論與實務》（*Current Psychotherapies*）序言中所寫的故事。有沒有誰說過的一句話曾經成為你人生的轉折點？那個人是誰？說了什麼話？讓你產生什麼樣的變化呢？

15

試著說「No」，「Yes」就變得容易了

Refusal Skill

能不找藉口而拒絕晚宴邀請的人，才是真正自由的人。

——儒勒・雷納爾（Jules Renard）

我有一種無法拒絕別人請求的病，而且很嚴重。常常被小攤商牽著鼻子走，買了不需要的書。因為無法掛斷推銷員的電話，有長達十幾分鐘的時間直冒冷汗。在公車站被傳教的人纏住，害我約會遲到。曾因為無法拒絕朋友頻頻傳來聊天訊息，而搞砸了考試。即使不會喝酒，如果有人起哄我還是會勉強喝下去，然後第二天痛苦得要死。就算不喜歡也無法拒絕男友的肢體接觸，偶爾拒絕還會覺得很抱歉。回想起來，幾次減肥失敗都是因為拒絕不了別人找我一起吃大餐，我真的非常討厭這麼沒出息的自己。

——因為好人情結無法拒絕別人而痛苦的二十多歲上班族

既然不喜歡，為什麼不能說「不」呢？

中途放棄決心的人，也就是無法達成目標的人，他們都有一個共同點，就是無法明智地拒絕別人的要求，所以他們總是沒有時間和精力投資在自己身上，去做真正想做和重要的事。某求職網站曾針對一千一百一十二名上班族進行「是否擅於拒絕」的問卷調查，結果顯示，百分之五十一的人回答「不擅長」，顯示不懂該如何拒絕的人並不少。

在諮商過程中，經常會遇到因無法拒絕別人而犧牲自己時間和精力的人。在人際關係中，沒有比關心對方更重要的了，但是在生活中，除了表達關懷，堅持自我主張的勇氣也很重要。

為什麼需要拒絕的勇氣呢？第一，如果不願意卻又無法拒絕，那麼投資在重要事物上的時間和精力就會被壓縮，只會造成自己的後悔。第二，雖然基於關懷對方，但因為是無法拒絕而勉強接受請託，心裡多少會不自覺生對方的氣。長遠來看，對人際關係反而會有不良影響。第三，如果不得不接受所有不願意的請求，就會給自己帶來壓力，被別人擺布，因而失去自信，甚至會變得憂鬱。喜劇演員比爾・寇斯比（Bill Cosby）曾這樣說道：「我不知道成功的訣竅，但我知道失敗的祕訣，那就是試圖取悅所有人。」

如果大家都對你表現出無禮的態度，或提出不合理的要求，那麼你應該問問自己：「我是不是在縱容他們那樣對待我？」不管別人以何種方式對待我們，有一部分責任顯然是在我們自己身上。因此，如果希望別人給予我們不同的待遇，首先應該改變自己。深入觀察那些基於關懷而無法拒絕他人的人，實際上並不是因為「關懷」對方，而是缺乏「拒絕的勇氣」。不擅拒絕的人有幾個特點：

第一，想要被愛的渴望和對拒絕的恐懼感很強。不是關懷別人，而是因為害怕被別人討厭，想得到認可和愛，所以會勉為其難地借錢給別人，或任由他人予取予求，做自己並不想做的事。想要讓對方高興並得到愛的渴望，以及害怕表達拒絕會被人排擠的恐懼，會切斷指示拒絕的大腦迴路。

第二，想藉此相信自己是個重要的人。因為想確認自己是重要的人，所以不能拒絕各種請求或邀請。但是，即使我們拒絕邀請、不參加聚會，其他人其實也不會有任何影響，聚會仍會順利進行。所以，並不需要覺得自己處於很重要的地位，也不要帶著過度的使命感，想在各種場合發光。

第三，優柔寡斷，沒有什麼目標。如果心裡有什麼可以熱烈說「Yes」的渴望，那麼就應該對毫無意義的事也具有果斷說「No」的勇氣。如果必須寫作，就可以輕易拒絕高爾夫邀約。如果有必須完成的重要事情，取消晚餐約會就不會是什麼困難的事。因此，若總是被大大小小的要求所左右，那是因為你還沒有設定必須追求的重要目標。

好好說「No」，「Yes」才會越來越多

雖然總是抱怨很忙，卻沒有一件事做得好的人，通常都是無法適當拒絕不正當的要求。相反地，表現與眾不同的人，他們懂得如何明智地拒絕別人不合理的請求。若是會妨礙自己想做的重要事情，他們就會果斷拒絕請求。這類人有幾個特點：

第一，知道無法拒絕的真正理由。他們很清楚自己無法拒絕別人，是因為想要得到認可，也害怕日後會被他人拒絕。所以，如果想明智地拒絕別人，就要先找出自己拒絕不了別人的真正理由。

第二，自己的選擇必須自己負責。有一次，一位教授這樣問道：「明明不想去的聚會勉強出席。明明有很重要的事，卻還是接受別人的邀稿。要準備上課的資料，但還是無法拒絕訪談節目的邀約。到底有沒有什麼辦法可以讓我好好拒絕別人呢？」我聽了之後反問他：「如果能接受我們在這世上其實沒那麼重要的事實，並且對自己的選擇負責不就好了？」只要能為自己的選擇負責，決心拒絕也就沒那麼難了。

第三，有迫切想要的東西。如果你無法好好拒絕，就說明你心中並沒有特別強烈想要的東西。有一位讀者寄了 e-mail 給我，信裡說道：「教授，我好不容易找到離家出走的孩子，把他帶回家後，我才明白家人有多麼重要。意識到這一點之後，過去週末總是必須參加的各種聚會都消失了。我想是因為我有了更重要的事，所以現在可以斷然拒絕別人的邀約。」

如果不清楚自己想過什麼樣的生活，目標不明確，那麼每當遇到必須拒絕的情況時，就會經歷情感上的掙扎，很難做決定。相反地，目標明確的人不會被別人的要求所左右，可以果斷地擊退誘惑。

因為沒能說出「No」

在某次演講中，我強調我們必須有勇氣果斷拒絕無謂的請求，這對人生的成敗有一定的影響力。當時現場的一位主婦後來寄了 e-mail 來，信中提到：「現在想想，我之所以和老是闖禍的丈夫過了一輩子苦日子，其實都是因為明知道一定會發生問題，但面對他的苦苦哀求，我每次都沒能果斷地說出『No』。」如果想得到自己想要的東西，過幸福的生活，就要學會在該拒絕的時候果斷說出「No」。不喜歡的事就說「不要」，遇到喜歡的事就說「好」，只有在可以好好拒絕的情況下，人才能做出正確的選擇。

不過，遇到必須拒絕的狀況時，要注意以下幾點：

第一，簡短而明確。遇到有人推銷商品對我們造成妨礙時，首先不要正視對方，只要維持禮貌但堅定地說「不好意思，我不需要」就可以了。雖然很多人認為拒絕突如其來的拜訪和不當的請求，也應該要提出理由，但是對自己來說，如果真的不喜歡、不願意，可以不需要理由，直接拒絕。不過拒絕熟人的要求時，最好明確表明不得不拒絕的理由。如果拒絕後對方很有可能再次提出要求，就應該先準備好對策。有人即使被拒絕還是會反覆提出請求，遇到這種人，我們也可以像跳針的唱片一樣反覆拒絕就好。不過，記得不要意氣用事，應該保持沉穩的態度和平靜的聲音，無視或激怒對方並不是我們的目的。

第二，不要留有餘地。如果真的無法接受請求，就不要留下「我再想想」、「現在很忙等一下再說」這樣的餘地，對方很有可能會抱著僥倖心理，更執著地要求。如果讓對方覺得還有一絲希望，對方可能會浪費時間等待，而錯過其他機會。迅速而明確的拒絕，對雙方都有好處。

第三，鄭重拒絕，但不要過分內疚。我們拒絕的是「請求」，而非「提出請求的人」。所以要用沉著的語氣鄭重拒絕，但不必過分內疚。就像對方選擇提出請求，我們當然也可以選擇拒絕。或許有人會擔心拒絕之後，對方心裡會受傷。但實際上很多人在被拒絕後，並不如我們想像中那樣受傷，而是覺得「有人會接受，當然也有人會拒絕，這沒什麼」，並沒有那麼在意。有一項問卷調查問到被拒絕時心裡有什麼感覺，高達百分之六十五．九的人回答「那也沒什麼大不了」。

不帶罪惡感說「No」的十個理由

1. 我有權自己決定我的行為並承擔責任。
2. 我可以不必對我的判斷進行說明或辯解。
3. 我可以自行判斷是否向某人提供幫助。
4. 如果想法變了，我可以收回我的答覆。
5. 凡事不必追求十全十美，人都有犯錯的時候。
6. 對於不知道的事，我有權說「我不知道」。
7. 我的行為與對方提供的利益無關。
8. 我有權做出不合理或隨興的決定。
9. 即使時間充裕，我也有權說「很忙」。
10. 對於不喜歡的事，我有權說「沒興趣」。

並非因為沒出息，才會勉強接受別人的請求之後又感到後悔；也不是因為心太軟，所以才會被別人的要求所左右。都是因為以關懷的立場出發，才沒有學會好好拒絕的方法。不管什麼事，要做好就必須學習和練習。未經訓練的行動會帶來意想不到的災難。就算只有一天，也要訂個練習日，練習如何拒絕要求又不會傷害對方和自己。試著找到最適合自己的有效拒絕方法吧。如果對方問起拒絕的理由，也不須刻意辯解，只要說聲「抱歉」，誠實說「我沒辦法幫忙」就好。

以下是聽完有關「拒絕方法」的演講後，一名學生寄來的 e-mail 內容：

我自己住在外面，常因為無法拒絕突然來訪的朋友，一度非常痛苦。因為擔心朋友會不高興而不敢拒絕，但現在我知道那樣對兩人的關係也不見得是好事，所以我決定練習一下。幾天前，我就鼓起勇氣拒絕了想來我家的朋友，以及另一個想找我去網咖的朋友，我老實跟他們說：「抱歉，我今天有事，真的不行。」語氣柔軟但態度堅決。我做好被朋友罵的心理準備，結果卻出乎我意料之外。本來以為會因此被朋友討厭，但沒想到朋友說那天因為我的拒絕，他也意外地比平常多看了一些書，學到很多，還向我道謝呢！

如果是必須答應的請求，就趕緊接受，對自己的選擇負責到底。但如果是不合理或不正當的請求，就要明確表達自己的想法，並對結果負責。有個朋友很擅長拒絕不正當的請求，我問他祕訣，他說道：「明確選擇和放棄，並對自己的決定負責。只要這樣想，拒絕其實沒那麼難。無法拒絕其實是因為不敢對自己的決定負責。」

如果對無謂的要求無法說「No」，那麼你就永遠沒有時間去做真正有意義的事。時間管理專家麥克杜格爾（M. C. McDougle）表示：「保護自己免於浪費時間最有效的方法就是說『No』。」

對你來說，妨礙你行動的他人不當要求或誘惑是什麼？你有什麼方法可以明智地拒絕？

Stop, Think &Action

Stop：想一想，你有沒有什麼事因為拒絕不了而後悔？當時沒能拒絕的理由是什麼？

Think：試著找出妨礙你執行重要事情的不當請求，或可以不理會的請求。

Action：試著制訂能夠有效拒絕請求的方案，然後付諸行動。

One More

就相信我一次吧！

深夜，當關係進展到一定程度時，男人對女人常用的那句有些幼稚但廣為流傳的經典台詞便出現了。「就相信我一次吧！」儘管女人表示絕對不會相信這種鬼話，男人也發誓自己絕對沒有其他想法，但實際上在那種氛圍之下輕易屈服的人並不少。在一個心理學實驗中，播放了一段誘發性衝動的影片給一群男性觀看，讓他們想像與女友進行親密接觸的場面，假設在關鍵時刻女友大喊「住手！」是否會立刻停止動作？另外有一組對照組，是在未提供任何影片的情況下進行同樣的提問。看了影片的男性都表示，「啊～似乎無法忍住。」而沒有觀看影片的對照組男性，則自信地表示，「如果女友不願意，隨時都可以停下來。」為什麼會有這種結果呢？因為人一旦亢奮，判斷力和自制力就會急劇下降。如果亢奮到極點，就會像進入隧道的瞬間，視野突然變窄，判斷力大幅下降，這種現象被稱為「隧道視野」（Tunnel Vision）。對於這類很容易受不了誘惑而屈服，將來必定會非常後悔的狀況，就應該果斷拒絕說「No」。

想一想，如果遇到難以拒絕的情況，你有沒有什麼明智地應對方法？

16

切斷退路，就不會有別的想法

Burning Bridge

人生中最難的事情是決定要過哪座橋、要燒哪座橋。

——伯特蘭．羅素（Bertrand Russell）

新年新希望，第一個就是「到年底為止要存一千萬韓元」。但實際上別說存錢了，信用卡債務日益增加，反覆挖東牆補西牆。不止於此，前段時間酒後駕車差點釀成重大事故，所以決心喝了酒絕對不開車。但是一喝酒卻又迷迷糊糊地坐上車發動引擎……到底要怎樣才能改掉這些壞習慣？

——因無法改掉浪費習慣，至今仍租房子的年近四十男子

雨果把衣服脫下給僕人的原因

明明下定決心要存錢，為什麼還會欠一屁股卡債？因為信用卡隨身攜帶。曾經說過絕不再酒駕，為什麼又故態復萌？因為拿著車鑰匙喝酒。

小說《悲慘世界》和《巴黎聖母院》的作者、十九世紀法國最優秀的作家維克多．雨果（Victor Hugo），據說他在寫作時會把衣服全部脫下交給僕人，請他們等太陽下山後再拿過來。這是為了防止自己想玩樂的欲望，強迫自己寫作。韓國小說家李外秀也在家裡裝設如監獄的鐵窗，寫作時就進入屋內，讓妻子把門鎖上，將自己關起來。

不僅是一般人，創造偉大成就的人也會受到各種誘惑的挑戰。但他們之所以能夠擺脫誘惑，並不是因為他們的意志力特別強，而是擁有自己的獨門智慧。他們深知，再好的想法遇到近在眼前的誘惑，也很可能會失效。因此，他們相信刺激的力量，並懂得運用環境的力量。他們具有調整環境的槓桿，讓自己不做不該做的事，而是去做該做的事。

從細菌到人類，所有生物都會受到刺激的影響。想要控制自己，首先必須要承認外部刺激的力量，並要能控制環境。如果我們無法控制環境，環境就會反過來控制我們。透過控制環境狀況來控制自我的方法，在心理學上稱為「預先承諾策略」（Precommitment Strategy）。執行力強的人往往是因為擁有這種有效的預先承諾策略，而非意志力與眾不同。

很多人為了理財而努力先存下本金、為了職涯發展而決心學習英語，卻都遲遲沒有進展。這是因為進來的錢越多，出去的也就越多；而時間越多，要做的事情也就越多。金錢和時間有一個共同點，如果你想把花完後剩下的錢存起來，就永遠無法存到錢；如果你想在有時間的時候來學習，就永遠無法學習。

所以如果想防止金錢流向其他地方，希望能存下來，最好的辦法是調降信用卡額度，每月領了薪水就自動轉帳到儲蓄帳戶中。同樣地，如果真有心學習，不是等有時間再學習，應該要提前抽出時間學習。若想學英文，就去報名英文補習班，一下班就去上課。若要避免酒後駕車，有聚會或應酬的日子，就不要開車出門；若是臨時的聚會，那就把車鑰匙放在辦公室，預先阻斷酒後駕車的可能性。

放火燒橋，斷絕後路

拿破崙為了拚盡全力戰鬥，命令手下放火燒掉可以撤退的橋。偉大的征服者凱薩大帝以及無敵的海盜維京人，在抵達陸地後也都放火焚燒自己的船。因為他們知道，只有斷了逃亡的退路，才能拚死戰鬥，取得勝利。

漢朝名將韓信在戰爭時，發現戰局不利，於是命士兵背水結陣，當敵軍逼進時，沒有退路的士兵拚死戰鬥，最後終於贏得了勝利，這就是「背水一戰」的由來。西楚霸王項羽也一樣，為了斷絕士兵逃跑的念頭，打破煮飯的鍋釜又鑿沉船，讓我軍沒有退路，也因此在居弱勢的戰鬥中獲勝，這就是「破釜沉舟」的由來。

放火燒橋、把船鑿沉、背水一戰、打破鍋釜，都是執行力強的人具有的預先承諾策略。他們切斷退路，避免自己和部下有機會退縮。因為限制住自己而能使決心不變，我將這種預先承諾策略稱為「圍籬技術」（Enclosure Technique）。

強迫自己去圖書館讀書。為了成為晨型人，讓自己上早上第一堂的課，或主動擔任早晨讀書會幹部。要求自己要舉手發言而不得不讀書。這些都是把自己置於無法逃避的狀況，專注於想做的事的圍籬技術。如果你有賺多少就花多少的習慣，無法做好養老準備，那麼可以透過買房子來防止自己花錢，迫使自己在退休前維持儲蓄。

不久前，妻子一大早就起來大掃除。將平時亂七八糟的梳妝台物品全部清空，客廳沙發和桌子都推到一邊，連平時不怎麼清理的沙發下面和門檻、陽台玻璃等各個角落都打掃。就在我感到訝異時，妻子沒好氣地說邀請了朋友到家裡來，叫我不要坐著，快點幫忙打掃。我說：「既然是朋友，家裡有點亂也沒關係吧。大概清一下就好啦。」然而妻子說：「其實不是因為邀請朋友來才要大掃除，應該是為了有理由大掃除才邀請朋友來。」

我的妻子早就了解到，跟朋友約在外面也可以，但她非要把朋友找來家裡，無疑是為了做平常不想做的清掃工作。如果適當地使用「圍籬技術」，甚至可能一舉多得，掃院子可以撿硬幣、挖水溝可以抓小龍蝦。所以，如果有必須要做的事情，最好給自己一個不得不做的理由。

老師，拜託就以曠課處理吧

蘋果前執行長賈伯斯曾有段時間只拿一美元的薪資。韓國一位銀行行長也宣布過月薪只收一韓元。受委託經營著名遊樂園的執行長對外宣稱，直到公司獲利為止，每月只收取一百韓元的薪資，一度成為人們談論的話題。

全球知名廣告公司上奇廣告（Saatchi & Saatchi）執行長凱文．羅伯茲（Kevin Roberts），向瑪莉官（Mary Quant）公司提交履歷，表示前六個月願意只收取前者的一半薪資，後續再由他的表現來判斷。

賈伯斯真的只想得到一美元的薪資嗎？他後來使公司起死回生，從股票中賺取了幾百萬美元的收入。那個銀行行長也只有一韓元的薪水嗎？他透過股票選擇權獲得了豐厚的報酬。遊樂園的經營者後來一直都只是月入一百韓元嗎？當然不是，他後來年薪高達數億韓元。那麼羅伯茲呢？他成為世界級的經營者和暢銷書作家。

為什麼他們會說出只收一美元、一韓元、一百韓元的話？是因為沒有想賺錢的欲望嗎？當然不是，相反地，是比普通人的欲望更強烈才會那樣說。他們比任何人都清楚，若想得到自己想要的東西，背水一戰是最有效的。

想成為富人嗎？那麼首先要改掉遲到的習慣。想改掉遲到的毛病嗎？那麼就向教授鄭重地拜託：「教授，如果我遲到了，拜託您就記我曠課吧。我光是能聽課就已經很滿足了。」

事實上，我有一個學生就是這樣：

教授，我有個壞習慣，上課一定會遲到個幾分鐘。以前對此並不太在意，但是聽到教授談到關於學期初的上課時間和未來薪水的關係之後，我決定改掉遲到的壞習慣。於是我和女友約定，早上先起床的人就打電話叫醒對方。如果上課遲到，絕對不會要求教授通融，而是主動要求記曠課。因為我知道上課會一再遲到，主要就是因為知道即使再晚進教室也沒有關係。

我收到這封郵件後，心想應該幫助更多學生。此後，每學期初的第一堂課，我都會對學生說，我的課只要遲到一分鐘，就會被當作曠課處理，學生必須同意這一點，才能修我的課。

如果只憑正當理由仍無法實行目標，那就製造讓你不得不行動的理由。不久前看到一個實例，有個英國人，曾是個銀行家，他為了戒菸，決定到沒有水電設施的無人島生活，住在帳篷裡，過著幾近原始的生活。他從十三歲就開始賣報，也開啟了菸槍人生。每天都要抽三十支菸，共抽了四十五年。期間曾試圖用尼古丁貼片、戒菸口香糖、看書等各種方法戒菸，但每次都以失敗告終。最後他到與香菸完全隔絕的無人島。他只帶了生活必需品和存了一百二十本書的 iPod 進入無人島，還開玩笑說，如果有人駕船經過無人島附近時，可以鳴笛或揮手為他加油，將有助於他的挑戰。

從長遠的觀點來看，不管再重要的事，只要當下會給人帶來痛苦，人們自然會想逃避。而不管別人怎麼勸說不要嘗試的事，如果可以在瞬間帶來快感，人心就會被迷惑。因此，若有真正必須做的事情，就應該把自己關在圍籬內，即使要承受痛苦也應該去做那件事。

不過，也不要因為受到各種誘惑而未能達成目標，就貶低自己是意志薄弱，只不過是之前沒能像雨果或李外秀作家一樣，燒毀不該走的橋，建造必須經過的橋罷了。現在，你可以燒掉會通往不該去的地方的橋，朝你應該前往的方向架設一條高速公路。

如果不必要的電話太多，影響工作效率，那就乾脆不要把手機帶在身上。如果對上台發表感到不安，就主動舉手宣布自己在下次上課時負責上台。如果想學吉他，就應該先去報名音樂班。如果想好好完成論文，就每週向教授報告一次進度。

韓國科學技術院（KAIST）的安哲秀教授曾經說過：「在擔任醫學院教授期間，研究病毒疫苗時最大的苦惱就是沒有時間學習疫苗開發的尖端技術。於是我主動打電話給雜誌社，表示要連載關於最新技術的文章，藉此強迫自己必須研究新技術。當時真的非常辛苦，每次幾乎都到截稿前一刻才找齊資料撰寫。但因為那次經驗，讓我對這個領域有了很深入的了解，也多虧了當時的決定，讓我現在可以做很多事。」

如果有不該做的事情，就切斷那個方向的退路。如果有必須要做的事，就設置一道圍籬，迫使自己不得不做。如此經過一段時間，你會對自己的成就感到驚訝；再過幾年，所取得的成果可能會讓你不敢置信。

背水一戰的人，和一心只想著如何撤退的人，在很多方面都不一樣，眼神不同、態度和行動也不同，而這些差異決定了誰才是贏家。

你有什麼必須實踐的決心嗎？為了實現夢想，你需要燒掉哪座橋、鑿沉哪艘船？必須把自己困在圍籬內做的事是什麼？

Stop, Think & Action

Stop：想一想，有沒有什麼你必須實現，但受到眼前的誘惑阻擾或想逃脫，而一再擱置的目標？

Think：設定促使自己不得不行動的預先承諾策略。

Action：在那些預先承諾策略中選擇一個，立即實踐並記錄結果。

One More

讓奧德修斯得以戰勝賽蓮誘惑的工具

在特洛伊戰爭中獲勝的奧德修斯，準備回到自己心愛的家人身邊。在途中卻因陷入魔女卡呂普索的誘惑，暫時遺忘了家人，在當地滯留。後來清醒過來的奧德修斯不顧卡呂普索的反對，堅持返回故鄉。但是歸鄉之路必須經過一座小島，在那裡住著擅長用甜美歌聲誘惑船員並捕食的賽蓮女妖，島上殘破的船和船員的骨頭堆積如山。奧德修斯為了不讓部下聽到賽蓮女妖的歌聲，用蠟封住船員的耳朵，以鐵鏈纏繞自己的身體固定在桅杆上後航行。經過那座小島時，賽蓮女妖像往常一樣用甜美歌聲誘惑船員，奧德修斯也像中了魔法一樣，陷入賽蓮女妖的誘惑，他掙扎著下令解開鎖鏈，但是沒有人聽到命令，最後得以順利離開該島。「Siren」有警報器的意思，就是起源於象徵誘惑的賽蓮女妖。

現在誘惑你、阻礙你實現目標的賽連之歌是什麼？為了抗拒誘惑，你所準備的耳塞和鎖鏈又是什麼？

17

不要只埋頭努力，要衡量附加價值

Efficiency vs. Effectiveness

沒有什麼比有效率地做一些不需要做的事情更無用了。

——彼得・杜拉克（Peter Drucker）

我熬夜念書，把老師說的每一句話都記下來，我相信班上沒有人比我更澈底整理筆記，但是為什麼我的成績總是原地踏步？

——努力念書成績卻沒有進步的十多歲高中生

念書時我努力打工，畢業後找到工作，我還另外兼職，每天都工作到很晚。我不停地工作，真的很努力，但至今卻沒存到什麼錢。

——努力工作但存款餘額見底的四十多歲上班族

拚命努力工作，卻過得很辛苦的理由

某個電視節目專門介紹各行各業的人。有次介紹挖井的人，他們挖了一輩子的井，可說已到了達人境界，從他們身上我得到很多感觸。看到他們的本領，真是十分佩服。他們個個都熱愛自己的工作，並享受工作，但其中一人說的話卻一直縈繞在我耳邊，他說：「在我這一代，為了脫離貧困而拚命工作，因此成為在這個領域無人能及的達人，但問題是，我仍然很窮。」

很多人認為，無論什麼事只要努力去做，比別人做得更好，得到的就會更多。但遺憾的是，很多時候這只是一種錯覺。因為「效率」（Efficiency）和「效果」（Effectiveness）截然不同。

有效率的工作是指無論成果如何，都能經濟地、熟練地完成工作；相反地，有效果的工作是指完成能提高成果或貢獻度的工作。很多人只是努力工作，卻不考慮效果，所以世界上充滿了拚命工作卻得不到相對應報酬的人。由於他們比任何人都努力工作，對於那項工作也比任何人都老練，卻得不到想要的東西。那是因為他們選擇了價值和貢獻度較低的工作，所以沒能取得效果。從意識到效率和效果差異的那一刻起，你就會開始看到成果的差異。

效率和效果的差異

1. **效率**（Efficiency）：以投入的努力和結果的比率來計算，用能做的量和速度來衡量。效率高不一定保證成果好，效率和效果是兩碼事。
2. **效果**（Effectiveness）：以與實際成果或貢獻度直接相關的核心工作做得有多好來衡量。效果高就是能做好可取得成果及貢獻度高的工作。

不能只憑努力工作這一點就覺得滿足。工作做得多快、多努力、做了多少，這些其實並沒有想像中重要。重要的是做了什麼。努力做沒有價值的事，並不會增加你的個人價值；有效率地完成不重要的事，也不會讓那件事變得很重要。世界上做得少卻得到更多的人比比皆是，那些生活富裕又悠閒的人，總是把效果放在效率之前。

由於長期寫作，我一度因腰痛而受苦。為了治療腰痛嘗試各種方法。有一次去按摩，按摩師父一下子就精準抓到我的痛點進行按摩，立刻覺得緊繃部位得到舒緩。我問按摩師父的經歷，他說做這行已經十二年了，現在手法很熟練，做起來一點都不費力，但是他也不會做其他工作。沒有客人的時候，就打開電腦玩遊戲。看著他，我心裡想：「如果利用沒有客人的時間上網看一些創業成功的故事，或瀏覽經營管理相關資訊，說不定幾年後這個人就會成為業界的佼佼者，擁有自己的事業……。」

如果熬夜念書卻無法提高成績該怎麼辦？擁有與眾不同的才能，努力做很多事，卻沒有什麼成果，也沒有貢獻，該怎麼辦？暫時停下手中的工作，好好回顧自己的一天，仔細想想是不是都在做些沒有效果的事呢？

找出價值低的工作，以高效果的工作代替

有些人比別人勤快，總是迅速處理許多工作，但還是對自己或組織沒有太大的幫助。因為他們有效率完成的是沒有效果的工作。如果總是比別人勤勞忙碌卻沒有成果，就應

該重新檢視一下自己的工作。如果充滿熱情地工作，組織卻沒有何改變，那麼就應該從另一個角度來審視自己的工作。

看似努力，成果卻絲毫沒有進展的人，通常有幾個共同點：第一，比起困難的事，較常選擇熟悉或容易的事。第二，比起效果，更注重效率。第三，比起長期的成果，更在意當下的結果。

不要在無關緊要的事情上投入太多。把寶貴時間大量投入到無用的事情上是最愚蠢的。你主要把時間和精力投資在哪裡？是簡單、熟悉，可以不費吹灰之力完成的事嗎？還是雖然當下很困難，但日後會有很大效果的事？

如果想要比昨天更好，想與別人過不一樣的生活，就必須滿足一些先決條件。也就是說，應該選擇能比昨天取得更多成果的工作。如果還是像昨天做一樣的事，就絕對不可能過比別人好的生活，絕對不會擁有與昨天不同的明天。

比起簡單的科目，選擇雖然很難拿到學分但相對重要的科目，可以幫助你迎接更好的未來。比起輕鬆舒適的兼職，不如在自己真正想投入的領域工作，就算無償也沒關係，因為將來你會更容易找到自己喜歡且報酬更高的工作。與其因為熟練而總是做那幾道菜，不如發揮實驗精神，每次都用不同的方法料理，不但可以為家人健康把關，說不定還會成為美食餐廳的經營者。若少接一些同樣主題的演講，把時間花在寫作上，就能創造更多附加價值。

高效果的人，為提高成果會不斷提問

假設目的地是首爾，如果最後抵達荒郊野外而非首爾，那麼這段旅程就沒有效果，不管再努力、速度再快都沒有用。即使努力學習成績也無法提高的學生、總是很忙但業績仍然不好的業務、擁有與眾不同的才能卻一生辛苦生活的人，都是低效果的人。

低效果的人傾向用現在的觀點看待狀況，只因為熟悉或容易而選擇工作；相反地，高效果的人會從未來的觀點出發，選擇能創造價值或貢獻度高的工作。他們無論做什麼事，從制訂策略開始就總是先考慮效果。在執行階段，也會不斷提問，確認每個階段的工作會帶來什麼結果，以及如何可以提高效果。他們大多會問自己這樣的問題：

我屬於哪一類？

1. **低效果和低效率：**主要選擇容易、低附加價值、低貢獻度的工作。比別人做得多、做得好、更辛苦，但是沒什麼收穫，總是落後。

2. **低效果和高效率：**工作比其他人更熟練，但很難取得成就。雖然因為工作出色而受到很多稱讚，偶爾也會被稱為該領域的達人，但是在經濟或時間上仍然無法過上舒適的生活。

3. **高效果和低效率：**選擇價值高的工作，投入大量時間和精力，但效果不會馬上顯現出來。不過只要不斷努力，就可以成為「高效果和高效率」族群。從長期來看，成長潛力很大。

4. **高效果和高效率：**有效率地迅速完成別人沒那麼容易完成的事，同時還能取得很好的效果，因此不必整天都忙著工作，可以很悠閒地取得高成效。自我管控能力很強，幸福感和收入都很高。

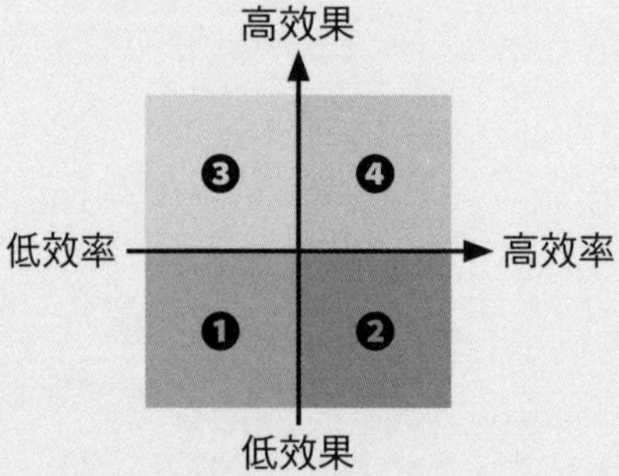

第一，我現在正在做的工作是什麼？低效果的人只是依照習慣工作，沒什麼想法，但高效果的人會不時停下來檢查正在做的事，反覆問自己想透過這個工作得到什麼。

第二，我正在做的事跟效果和貢獻度有多直接的關係？這個問題很重要。實際上，很多人不會考慮自己做的事會帶來什麼結果、與效果有多大的關聯，因此往往在與效果無關的事情上浪費太多時間和精力。即使事情進展順利，高效果的人還是會不斷尋找怎麼做可以更有效果。

第三，我正在做的事情中，與效果無關或會妨礙效果的事情是什麼？現在需要投入更多的是什麼？高效果的人隨時都在確認現在進度與預期結果的差距。從長遠角度出發，努力減少不該浪費的精力，取而代之的是在附加價值和貢獻度高的事情上投入更多。

如果想擁有高效果的人生，就應該養成那些高效果的人所擁有的習慣。想一想，現在做的工作中，效果差、貢獻度低的是什麼？為了擁有更好的生活，從現在起應該將更多時間和精力投入到哪些效果高的工作中呢？

Stop, Think &Action

Stop：找出有哪些人選擇沒什麼效果且貢獻度低的工作，而無法過好的生活。把他們記錄下來。

Think：想一想，自己正在做的事情當中，有沒有哪些是附加價值和貢獻度低的事，也就是效果不好的事。

Action：以長遠的觀點來看，尋找一件需要投入更多時間但有效果的事，並從馬上就能實行的部分開始行動。

One More

修道十八年，賺了十八盧比

「老師，我可以在水上行走橫渡恆河了。」一位修行者找到印度精神領袖拉馬克里斯納（Ramakrishna Paramahansa），得意洋洋地訴說自己的能力。拉馬克里斯納聽了輕輕閉上眼，問道：「你修煉了幾年？」弟子回答：「我花了十八年。」老師再問：「渡河需要多少船費？」弟子回答：「聽說要十八盧比。」於是拉馬克里斯納對弟子說：「你努力了十八年，才賺到十八盧比。」

在水上行走的能力，其實沒有想像中那麼重要，能從中獲得什麼才更重要。人跑得再快，也不會比獵豹快；道行再高，也不可能像水黽一樣在水面自在通行。我們要追求的也不是像獵豹一樣跑得快、像水黽一樣在水面如此輕盈，而是應該要尋找只有自己才能做到的更重要的事。

想一想，在未來十八年，你應該把時間和精力投入到哪些具有高附加值和貢獻度，能取得與眾不同成果的重要事情上？

18

不要讓視線離開目標，最後終將如願

Goal Keeping

比不試還糟的是半途而廢。

——永守重信

我是高三生，得考上大學才行。但是即使早上設定了好幾個五點起床的鬧鐘，結果還是到七點才起床。白天也擋不住睡意，回到家更是無法控制。想說躺個五分鐘就好，結果不知不覺就睡著了。不管如何下定決心要看書，但過了二十分鐘，眼睛就會感到疲勞，也越來越坐不住，時不時扭動身體，有時把腳放在椅子上，有時趴著、甚著躺著，不停反覆。不到一個小時就會感到厭煩，開始有各種雜念。為了轉換一下心情打開電腦，不知不覺兩小時一下子就過去了。然後很晚才睡覺，第二天又起不來。每天都這樣反覆，難道因為我是A型，所以特別容易受到誘惑嗎？

——把考試拋在腦後，每天無所事事的高三考生

眼前出現障礙物，是因為視線移開了目標

什麼樣的人容易發生交通事故？通常是注意力不集中的人。他們一發動車子就打開收音機或播放音樂，在開車時會不時使用導航，或是打電話、發訊息、與旁邊的人聊天，或是東看西看，就是不看路，還會因為經過的車輛或行人而分心。分心意味著視線轉向了障礙物，而視線轉向障礙物就代表目標從視線中移開了。

如果電視或電腦讓你無法專心念書，那是因為你的視線已經從念書的目標移開了。之所以會忍不住吃宵夜，也是因為減肥這個目標離開了你的視線。

哥倫比亞大學的一項研究顯示，大部分業務員平均每天只有一到一個半小時，會從事與業務直接相關的工作。上午十一點左右打第一通與業務相關的電話，最後一通業務電話則大約在下午三點半左右。而在這中間的時間，大部分都是在和同事聊天、喝咖啡、看報紙中度過。當然，這畢竟是針對業務員的研究，不過從某方面來看，也可以讓我們趁機回顧自己的日常。

心理學家理察・卡爾森（Richard Carlson）透過諮商確認了思考目標的時間和達成

目標的程度有著密切關係。每天花一小時思考如何賺錢的人，兩年後財產真的明顯增加了。韓國首位在大學開設所謂「富人學」課程的韓東哲教授，在他的著作中這樣寫道：「有錢人在一天二十四小時中，醒著的十七小時都生活在成為有錢人的『富人觀點』中；但是普通人只會花一個小時左右。」

從足球到高爾夫，所有球類運動都有一個大原則，就是「不要把視線從球上移開」。如果是你追求的東西，就不要讓視線離開它。幸福的人會花時間思考幸福的事、得到幸福的方法；但不幸的人會用大部分時間想著不愉快的事、不喜歡的人。

一個媽媽因為與子女的關係問題前來諮商，我問她：「一天中有多少時間在想孩子的事？」她回答：「我幾乎整天都在想著孩子。」我又問她具體來說想些什麼內容，結果盡是這些：「前世我到底犯了什麼罪」、「為什麼偏偏要來當我的孩子」、「如果不是這個孩子……」。我對她說，如果目標是和子女建立良好的關係，就應該要有可以實現的想法，然後我請她想一想：「孩子有什麼優點是過去自己沒發現的」、「為了和孩子消除隔閡，可以做些什麼」、「孩子想聽媽媽說什麼」。聽了我的話，她嘆了口氣說：「這些我怎麼都沒有想過呢？」如果想實現目標，就應該要花更多時間思考自己想要的東西，而不是想避開的東西。

有一次與住家附近一間平常沒什麼客人的烤肉店老闆聊天，聊著聊著他訴苦說生意不好，就快活不下去了。我問他：「有沒有試過找找沒有客人的原因，和讓人想來光顧的方法，並筆記下來？有沒有思考過如何讓客人願意再來光顧呢？」不出所料，他一時答不出來。因為他平時閒著沒事時，不是說隔壁新開的餐廳壞話、抱怨政府政策，就是拿著搖控器不停轉換電視頻道。

如果你頻頻回頭看，是因為你還沒有決定好該走哪一條路。如果你把目光投向其他異性，是因為眼中已經沒有伴侶的身影了。未能達成目標的人有幾個特點：第一，沒有迫切的動機。第二，容易受到誘惑。第三，常常忘記自己的目標。如果想達成目標，卻總是屈服於誘惑，那麼就想想亨利．福特（Henry Ford）的話：「障礙是當你將視線從目標移開後，看到的可怕事物。如果將視線鎖定在目標上，就不會看到障礙物。」

請偶爾停下手中的工作確認一下，現在要做的這件事和你的目標有什麼關係？

把天線豎起來，就能找到辦法

一位廣告企劃人員這樣說道：「剛開始想不出好的創意，真的很痛苦。這些年來無論是看書、吃飯、喝酒，只要是醒著的時候，我都全心全意地想著廣告。於是，創意開始慢慢湧上我的腦海。」在某些領域嶄露頭角的人都有一個共同點，就是目標明確，而且會目不轉睛地盯著目標。

匈牙利足球英雄普斯卡斯．費蘭（Puskás Ferenc）這樣描述奪冠的祕訣：「我有很多時間和足球在一起，不能踢球的時候就談足球；不談足球的時候，就想著足球。」可以說他醒著的時間幾乎都在想著足球，因此成為足壇名人。

德國鋼琴家威廉．巴克豪斯（Wilhelm Backhaus）在八十五歲去世之前，共舉辦了四千場以上的演奏會，被冠上「鋼琴獅王」的美譽。有一回記者問道：「大師，你不演奏的時候都在做什麼？」巴克豪斯看著那位記者，沒好氣地說：「不演奏的時候就練習！」

雖然小學沒有畢業，卻獲得六十二項國際發明專利、兩度榮獲大韓民國勳章、五次獲得發明專利大獎、五次獲得蔣英實國際科學文化獎，被譽為超精密加工領域達人的金奎煥曾這樣說道：「一天到晚盯著看，反覆思考，答案就會出來了。為了改善加工機械，經過三個月的思考，終於從夢中得到了答案。」

有句話說「去去去中知，行行行中成」，意思是走著走著走著，就會懂了；做著做著，就會實現。不斷想著目標，就能找到方法；不斷去行動，就能達成目標。最終，我們會成為每天思考和行動的那種人。距今兩千三百多年前，亞里斯多德就已經有這種見解了：「如果在腦海中生動描繪出自己想要的東西，全身的細胞都會朝著達成目標的方向調整。」

好好制訂目標，那麼一切都會隨之發生改變，遇見的人和經常去的地方都會不一樣。不僅是看的書、聽到的新聞、廣播頻道會改變，對話主題也會不一樣。雖然目標是人訂的，但一旦確認了之後，目標就會引領人前進。

如果專注於一個目標，大腦的網狀結構就會啟動高性能過濾器，對與目標相關的東西會特別有反應，而忽略其他不相關的東西。當決定好買什麼廠牌的車時，就會發現以前不知道的事實：路上竟然有那麼多這種車，多到讓人懷疑「這些車到底是從哪裡冒出來的」。但其實這些車以前就存在了，只是我們沒注意到而已。如果專注於某個目標，我們的大腦只會對與目標相關的東西做出重要反應，而忽略其餘的刺激，這稱為「選擇性注意力」（Selective Attention）。

有一個學生說，他的目標是有一天像我一樣成為作家，他問道：「教授，每一刻都有那麼多事情要做，要如何才能讓視線不離開目標？」我問他晚上要做什麼，他說要和女朋友一起看電影，於是我告訴他：「那就盡情享受電影吧。在看電影時，同時可以思考日後寫作時，可以如何運用電影的內容。」

帶著目標意識生活，並不是要你只想著目標，而不做其他事情。無論在哪裡、和誰在一起做什麼事，都要將其與目標連結起來，不要放棄思考關於目標的一切。我們周圍有很多可以幫助自己實現目標的資源，就像無線電波一樣，只要我們豎起天線，它們就會快速聚集過來，幫助我們實現目標。不會把視線從目標移開的人、能把目標天線高高豎起的人，無論周圍怎麼妨礙，都能捕捉到需要的頻率。

我的經驗也是如此。不管寫作或準備演講，只要深入思考一個主題，其他相關的想法就會一一浮現。電視、新聞報導、路人的談話內容，這世界上所有的事情，似乎都急於想傳達給我關於這個主題的資訊。如果長時間思考一件事，周圍的一切都會成為優秀的老師，世界會迫不及待想告訴我們些什麼。只要不放棄思考有關目標的一切，那麼相關訊息就會像被磁鐵吸引一樣聚集過來。

當我要求學生找出為了不把視線從目標上移開而能做的事，在想了一些後，他們就會說想不到了。但是，只要肯花時間努力，就像在地毯上尋找麵包屑一樣，之前沒想到的點子會在不經意的時候出現。

小學美術課曾為了畫行道樹而吃盡了苦頭，怎麼也畫不好。記得當時老師說：「行道樹畫不好是因為沒有好好觀察，你們要仔細觀察。」這句話真的很對。我觀察了很長時間，終於畫出筆直的行道樹。想畫好一幅畫，就必須充分觀察要畫的對象；同樣地，想找到解決方法，就需要有耐心花時間來思考。以下是一名準備就業的學生，在聽完我的演講後寄來的 e-mail 內容：

打開電腦，我習慣先瀏覽網路新聞，看著留言，接著就會接二連三出現相關報導，這是因為我將入口網站設為首頁的關係。因此，為了減少上網時間、增加讀書時間，我把首頁改成我想應徵的公司官網，並在電腦桌面放上該公司的標誌。現在我正準備就業。有一次書念得很累，深夜我獨自跑去該公司總部大樓，想像我從大樓正門上下班的樣子，這是為了不忘記一定要進入這間公司的決心。同時，該公司是全球企業，必須養成用英語思考的習慣，所以設定了定期發給自己「Think in English！」的訊息。

就算只占百分之一，每天都做與目標相關的事

請每天訂個時間思考一下目標。每天早上一睜眼就想目標是什麼、該做什麼，睡覺的時候也要想著目標，檢視當天所做的事。可以選擇一天中的特定時間作為思考目標的時間。只要訂下思考的時間，就不用擔心會忘記。棒球選手漢克・阿倫（Hank Aaron）這樣說道：「每天努力地練習，某天，感覺棒球就像西瓜一樣大。」

想實現目標，就不要讓目標離開視線；想讓目標更容易實現，就要每天都實踐。成

功的人無論多麼忙碌，心裡都會一直有個隨時提醒自己未來目標的閃亮北極星。

人們很容易過於放大眼前的小事，卻對十年後重要的事漫不經心。花費時間猶豫著要不要傳訊息給不一定要見面的同學，卻不願意投入時間為十年後的未來做點事。這都是因為眼前的小事遮蔽了視線，讓我們看不見對未來真正重要的事。

電話響個不停必須馬上接起，主管交付的緊急任務也應該竭盡全力，但是再怎麼忙碌，也要有為自己的未來思考的時間。可以看一篇與目標有關的報導、讀一本目標領域的書籍。如果想擁有自己的事業，就要多認識相關人士，努力建立特別的關係。

如果想在十年後出版著作，現在每天至少要花十五分鐘收集資料、整理想法。如果想在二十年後擁有幸福的晚年生活，現在就要思考一下該為伴侶和孩子做些什麼。如果因為忙碌，每天連暫停一下思考未來的時間也沒有，那麼有一天你會突然在鏡子裡看到一個寒酸的老人，很可能還會這樣喃喃自語：「難道這就是我人生的結局嗎？」

請每天留出十五分鐘為未來十年做準備吧。為了自己的未來，每天就算只能挪出百分之一的時間，也絕對不要被任何人占用。

若不想讓視線偏離目標，該做什麼事、見什麼人？

能實現目標的人有自己獨特的方法，可以讓視線不會偏離目標，也就是會透過某些刺激，讓自己可以不忘記目標。這些刺激稱為「提示」（Prompt），有三種類型：

第一，語言與象徵提示（Verbal & Symbolic Prompt）。如果想戒菸，就寫下戒菸宣言，貼在大家都看得到的地方，並公開宣布。如果不想忘記該做的事，就自己設定鬧鐘或預約發送提醒訊息，或製成備忘錄放在電腦桌面或手機桌面。從百科全書推銷員做起、後來創建韓國前三十大企業熊津集團的會長尹錫金，每天早上以閱讀「我的信條」展開一天。美國前總統柯林頓（Bill Clinton）辦公室的小玻璃箱子裡，有一塊取自月球的小石頭。柯林頓表示在遇到讓心情浮躁的情況時，就會看著那塊三十六億年前誕生的石頭，重新調整心態。雖然我們沒有來自月球的石頭，但也可以在口袋裡放一顆棋子，每當觸摸到棋子時就要想起目標，整頓自己的心。

第二，情境提示（Situational Prompt）。如果目標是想進入某個理想中的企業，就把與該企業有關的報導、資訊、照片剪下來或印出來，貼在書桌上。如果想減肥，就在冰箱門上貼一張豬的照片，打開冰箱找零食前對自己說：「你是豬啊！又想吃。」如果因為過度使用電腦導致視力變差，必須定時休息，那麼就設定使用時間，時間到了電腦自動休眠。如果不想常常和媽媽起爭執，就戴上決心戒指，每次和媽媽說話時，就看著戒指提醒自己。如果想增加笑容，就貼一張美麗笑容的照片在牆上，時時提醒自己。如果想讓運動時間持續久一點，就播放振奮人心的音樂吧。根據研究，運動時聽音樂平均可以多持續百分之十五以上的時間。

第三，社會提示（Social Prompt）。與目標相同的人在一起，就很難忘記目標。想成績變好就和會讀書的朋友在一起。想變得有錢就和懂得理財的人多來往。和苗條的人在一起會提醒自己注意身材，和肥胖的人在一起就很可能會一起變胖。耶魯大學尼古拉斯．克里斯塔基斯（Nicholas Christakis）教授的研究小組，用三十二年的時間，以一千六百二十七人為對象進行調查，發現如果朋友變胖，那麼自己變胖的機率會高出百分之五十七。歌德曾說過這樣的話：「告訴我你和誰往來，我就告訴你，你是個什麼樣的人。」

有想要的東西時，一定要確定目標，不要從目標上移開視線，不要放棄與目標相關的思考。只要將目標牢牢地釘在腦海中，就會發揮不可思議的力量。龜兔賽跑中，烏龜獲勝的原因是什麼？大家都知道，是兔子輕視烏龜而放心地睡了午覺，醒來時已經來不及了。但是從另一個角度來看，烏龜獲勝的真正原因是兔子眼中只有烏龜，而烏龜只想著要朝向終點奪標。如果烏龜把注意力都放在競爭對手是兔子這件事上，應該就不會參加比賽了。當你意識到周圍有競爭者，但仍毫不猶豫地穩步前進時，你想爬上的頂峰在哪裡？你五年、十年後的目標是什麼？為了達到那個目標，你的腦中需要充滿什麼想法？

Stop, Think &Action

Stop：想一想，你是否曾經制訂了目標或下定決心，卻因為其他事而忘記，沒能好好實踐？

Think：現在選擇一個想達成的目標。

Action：為了不讓視線移開目標，找尋一種適合自己的方法，馬上付諸實踐。

One More

那就射箭吧！

有位射箭名家和兩個徒弟一起去樹林中。兩個徒弟拉弓準備射向遠方的靶，這時，師父突然問他們看到了什麼，第一個弟子說：「上方有天空和雲彩，下面是田野和草地。樹林裡有橡樹、栗子樹和松樹……」還沒說完，師父就打斷他的話：「放下弓箭吧。你今天並沒有準備好射箭。」而另一個弟子則說：「我除了靶心其他什麼都看不見。」「那就射箭吧。」第二個弟子的箭正中靶心。（《幸福同行》，2005年12月號）

從這一刻起，你不該移開視線的人生重要目標是什麼呢？

19

再前進一步，一步之差就能決定勝負

Critical point

有兩種情況你不能放棄：「想放棄的時候」和「不想放棄的時候」。

——G.S. Reid

我曾說過一個好朋友的壞話，後來那位朋友知道了非常生氣，跟平時的他完全不一樣，對我發脾氣。我在驚慌之餘也不由自主地罵了出來。我自己嚇了一跳，他也一時楞住，然後就跑出去了。後來，我試圖道歉了好幾次，但他都沒有接受。而且我越道歉，他的心似乎就越不肯原諒我。久而久之我漸漸累了，於是放棄和好。不過畢竟曾經是非常要好的朋友，雖然事隔好幾年了，但每當想起這件事心裡還是很難受。教授，我該怎麼辦？

——因一時衝動而失去好朋友、陷入悲傷的二十多歲上班族

被拒絕多少次，才會放棄？

無論怎麼努力都看不到成果時、無論付出多少也得不到回應時，很多人都會喃喃自語地說：「我已經盡力了，再也無能為力了」、「我不管了，就這樣吧」，然後就放棄了。但是，生活中很多時候人們都會有這樣的想法：「本來想說如果你再打電話來，我就答應你……」、「本來想說如果你再道歉，我就原諒你……」、「本來想說你再拜託一次，我就幫你……」。中途放棄的人沒有意識到，就在他們決定放棄的時候，其實下一步就要成功了。

推銷員要被拒絕多少次才會放棄？據美國的調查結果顯示，有多達百分之四十八的推銷員，只要被拒絕一次就會放棄，百分之二十五被拒絕兩次後放棄，堅持到第三次才放棄的人占百分之十五。有百分之八十八的人被拒絕三次後就會放棄，因此得出的結論是，被拒絕三次以上也不放棄的人只有百分之十二。

那麼，這兩種推銷員當中，哪一種人的銷售成績會比較好？毫無疑問，那百分之十二的推銷員，其銷售成果平均占總銷售額的百分之八十以上。看到這個調查結果，大家有什麼想法？「不放棄，堅持不懈地挑戰，就會收穫更多」，如果只是這樣，那還不夠，因為這個結論太明顯。我們應該進一步擴大思考範圍，找出中途放棄的人和能繼續挑戰的人，在心理機制上有何差異。

大部分人認為，無論是人際關係還是商業關係，如果經過幾次嘗試，對方的態度都沒有改變，那麼以後也很難會有變化。因此，認為進一步的努力毫無意義，於是便放棄了挑戰。但也有少數人不同，他們就像堅不可摧的要塞一樣，面對毫不動搖的對方也不會輕易放棄，繼續挑戰。那些人相信，即使對方表面上看起來沒有任何變化，但每次嘗試時，內心必然都會發生一些動搖。不放棄，持續努力下去，總有一天對方態度會發生改變，也就是會達到「臨界點」（Critical Point）。

僅憑一根稻草，就能壓垮大象嗎？

一根稻草能折斷大象的脊椎嗎？太不像話了吧。但假設有一個臨界點，這就會是完全有可能的事。如果一開始把一根稻草放在大象背上，大象感覺不到任何重量。但是如果一直累積下去，總有一刻大象會面臨無法承受的地步，而就在那一瞬間，只要再增加一根稻草，大象就會受不了而倒下。這一個瞬間就是「臨界點」。

要讓蒸汽機運轉，就要把水加熱以產生水蒸氣。從攝氏零度的水開始加熱到十度、二十度、三十度⋯⋯無論怎麼加熱，表面上看到的都只是水。一直達到九十九度為止，質量上不會發生任何變化。而就在達到一百度的瞬間，液體的水會瞬間發生質變，變成氣體。這就是臨界點。

在廣島投下的原子彈威力讓該地成為一片火海，結束第二次世界大戰。原子彈原本是沒有危險的，直到核反應開始作用的那一刻，即原子被填充到臨界點時，在到達的瞬間就會爆炸，展現巨大的威力。

竹子中最好的孟宗竹，據說在撒下種子後，不管怎麼澆水，五年都不會萌芽。但只要過了那個時期後，就會發現手指大小的芽冒出來。到了成長期，會突然一天就長出八十公分。孟宗竹之所以會突然飛速成長，都是因為之前長達五年的時間，在不見天日的土裡做好了成長的準備。

無論是學習、事業還是人際關係，為了取得成果，都需要相應的準備時間。臨界點原理就像分子反應一樣，是一種普遍現象，適用於所有物理和心理的變化過程，從植物生長到人生的成功等，都有所謂的臨界點。

在達到臨界點之前，無論施加多少能量，都不會出現可見的變化。因此，許多人在這種時候就會放棄，因為看不到改變。失敗的人有個共同點，就是無法想像世界上所有變化都存在臨界點這個事實。也就是說，在放棄的那一瞬間，並未意識到成功可能就在眼前。

祈雨祭過後，必會下雨的原因

從一九九七年到二〇〇六年，在十年間足足賺了上千億美元的《哈利波特》系列作者J. K. 羅琳（J. K. Rowling），據說在第一本書出版前，共被十二家出版社拒絕。由傑克・坎菲爾（Jack Canfield）和馬克・韓森（Mark Hansen）所著，被翻譯成四十七種以上語言，全世界銷量超過一億冊的《心靈雞湯》，也遭遇過三十三家出版社的拒絕。路易斯・拉摩（Louis L'amour）寫了超過一百部小說，銷量超過兩億冊，他的第一份書稿被拒絕了三百五十次。他後來因為卓越成就，成為首位獲得美國議會特別動章的作家。他這樣說道：「有時候會覺得一切都結束了，但那時才是開始。」如果羅琳在第十二次被拒絕後放棄出版、拉摩在第三百五十次被拒絕時放棄寫作，那「一切就結束了」，我們現在就不會記得他們的名字。

曾經是體育記者、後來以演說家而聞名的史蒂夫・錢德勒（Steve Chandler），有次談論到自己是如何成為體育記者的。「當時向報社應徵，但都被拒絕了，他們說因為我沒有經驗。我問那有什麼重要的，他們笑著說：『我們不知道你能不能寫出像樣的體育報導。』後來我在應徵亞利桑那州的某家報社時，腦海中突然浮現出這樣的想法，並不是因為我沒有經驗，而是因為他們不確定我是不是能寫報導的人。除了我之外，還有四名應徵者，需要一個月的時間才能做出決定。而這期間我每天寄一封信給報社部長，針對當天體育新聞的焦點來寫作，努力告訴對方我會是個多麼出色的夥伴。一個月後，部長打電話來。他們挑選了兩人，我就是其中之一。最後一次面試，他問道：『史蒂夫，我只有一個問題，如果你找到工作就不會寫信給我了吧？』後來他私下跟我說，是我每天寫的信打動了他。」

不要因為對方的拒絕而輕易放棄，也不要因為別人不理解而過早絕望。當我們對顧客再好，銷售額也沒有增加時，不要草率放棄。當孩子不理解我們的愛時，不要過早沮喪。不要因為正在做的事情沒有成果就半途而廢。當你認為自己已經盡了全力，覺得再也沒有可能性而想放棄時，一定要記得以下幾點：

第一，即使嘗試了所有可能性，仍然存在可能性。第二，即使表面上看不出來，但內部確實在發生變化。第三，如果繼續嘗試，總有一天會從「這種狀態」突然轉變為「那種狀態」，也就是臨界點終會到來。

印第安祭司 Rainmaker 在舉行祈雨祭之後，一定會下雨，他從未失敗過。為什麼呢？難道是因為上天被他的真誠感動了嗎？還是因為他知道下雨的祕訣？都不是的，而是因為他一旦開始了，就會堅持到下雨為止。

真的盡全力了嗎？

沒有人喜歡被拒絕，但是有些人認為被拒絕沒什麼大不了，也不會因此受到太大的傷害。他們與那些因拒絕而受傷、反應極為敏感的人不同，因為他們知道「平均法則」（Law of Average）。

某天有一位已畢業的學生來找我。畢業後他去賣車，但他覺得很吃力。在過去的幾個星期，連一輛車也沒賣出去，他覺得自己盡了全力，卻沒有什麼成果。我問他：「一般大概平均會失敗幾次，才能順利賣出一輛車？」「這個嘛，如果一定要算的話，大概要見二十個人才能賣一輛車吧。」於是我對他說：「想到要被拒絕二十次，就會覺得非常痛苦。但是平均二十次就會成功一次，那麼每一次被拒絕時，就相當於得到簽約成功佣金收入的二十分之一，這樣想是不是就沒那麼痛苦了？這就是平均定律。」

推銷員出身、後來成為勵志演說家的麗莎．希門尼茲（Lisa Jimenez）這樣說道：「仔細想想，十名顧客中，會有一名購買兩百美元的東西，比例是十分之一。」於是她打電話推銷，每當一名顧客說「不買」時，她心裡就會想「哇，賺了二十美金。假設成功銷售一項商品可以得到十萬元的佣金，就要打十通推銷電話。那麼一通電話的價值就是一萬元，被拒絕一次等於是賺了一萬元，同時也向成功靠近了十分之一。

有一天，正在上大學的兒子比平時早回家，我正要出去散步，想到很久沒和孩子一起散步了，於是我說：「和爸爸一起去散步吧。」兒子一口回絕：「爸爸，我現在很累，下次吧。」過了一會兒，我去兒子房間：「媽媽也要去，她說很想跟你一起散步，一起去吧。」兒子回說：「你和媽媽去就好。」過了一會兒，我又去找兒子：「聽說你不去，媽媽也不去。」兒子說：「哎喲，我今天不想出門了，下次再去吧。」過了一會兒我又再去找兒子：「機會難得，現在你不走以後一定會後悔。你現在大四了，很快就要畢業，然後就業、結婚，以後還有什麼機會和媽媽、爸爸三個人一起去散步呢？」結果兒子回說：「別擔心，很快就會有機會的。」稍後我又去找他：「爸爸給你一萬韓元！走吧！」兒子無奈地笑說：「爸爸也真是的，我會為了一萬韓元去嗎？我不缺錢。」於是我又提議：「如果你跟我們去散步，待會就去啤酒屋喝一杯吧。」這下兒子才改變心意：「好，走吧。」雖然看起來像是勉為其難，但表情絕對不是不樂意。

兒子真的是為了一萬韓元才跟著去的嗎？還是因為一杯啤酒而改變態度？我認為都不是。到了那種程度，很有可能是因為認為已經差不多可以改變態度了。人通常拒絕了就很難改變，因為每個人都具有保持一貫性的本質，如果輕易被說服而改變自己的想法，會被視為「沒有主見」或「善變」。另外也有可能是因為「如果改變了，那之前的堅持不就白費了」這樣的想法而堅持到底。所以人一旦表示不願意，就很難改變心意。

但是，只要拿出誠意，提供充分的理由，對方的態度就會意外地輕易改變。這一瞬間，正是態度變化的臨界點。雖然表面上看起來沒有任何變化，但如果繼續表現出誠意並提供理由，對方內心就會開始發生變化，等到某個瞬間，當認為充分累積足夠的理由時，變化就會浮出水面，這就是臨界點的瞬間。但是大部分的人往往等不到這個瞬間，就先放棄了。

說服毫不動搖的對方

1. **步驟一：站在對方的立場上思考**。想要抓老鼠就要像老鼠一樣；想要抓魚就要把自己當成魚。別光想著要得到，先找到可以做些什麼，擺脫以自我為中心的思考方式。
2. **步驟二：假設臨界點，但不要重複同樣的方法**。銘記俗語：「沒有砍了十次還不倒的樹。」還有愛因斯坦的名言：「什麼叫瘋子，就是重複做同樣的事情還期待會出現不同的結果。」
3. **步驟三：提供理由和名分**。人類是尋找理由的存在。想要改變某人的態度，必須提供相應的理由。要提供能讓對方傾聽我們的話，並願意改變態度的名分。

人永遠不會失敗，只是會半途而廢。工作沒有看到成果時、試圖說服孩子時、努力挽回顧客的心時，你嘗試了多少次就放棄了？那你想過他們的臨界點在哪裡嗎？中國有句諺語：「不怕慢，只怕站。」美國前總統尼克森（Richard Nixon）曾說：「人生不是在失敗的時候結束，而是在放棄的時候結束。」《聖經》也這樣告訴世人：「我們行善，不可喪志；若不灰心，到了時候就要收成。」（加拉太書第6章第9節）

你是否曾以為再也沒有機會而放棄了？有沒有什麼事，是你曾放棄，但如果現在重新假設臨界點，願意再挑戰的事？

Stop, Think &Action

Stop：想一想，你有沒有「因為已經盡力了，再試也沒有用」而放棄的事？

Think：即使在那種情況下，也有人曾堅持挑戰到底，獲得自己想要的東西。他們有什麼地方和你不一樣？

Action：選擇一個你曾想說服卻放棄的人，假設他也有臨界點，重新尋找能夠改變他的方法。

One More

考了九百六十次才考取駕照

一位居住在韓國全羅北道完州的六十九歲老奶奶，從六十四歲開始挑戰考駕照，耗時五年，終於在二〇一〇年四月考取。「因為我獨居，沒什麼事做，如果有駕照可以開車到處走走，可以去動物園、去女兒家、去兒子家……可是大家都說我瘋了，哼！」老奶奶在二〇〇五年四月第一次筆試，之後共考了九百五十次筆試；路考則考了十次，總共考了九百六十次才取得駕照。當記者詢問不斷挑戰的原因時，老奶奶說：「我看考試的參考書上寫，六十五歲的人只要花五年也可以考取，所以我就一直試，真的五年就考到了。」除了週末和國慶日，老奶奶每天都去考試，但分數總是在三十到五十分之間。光是往來的交通費，每週就要十二萬三千韓元，印花稅一次六千韓元，共花費了九百六十萬韓元。原本在市場販售粗糧和艾草的老奶奶為了籌集費用，還去打掃公寓。如同老奶奶的名字「車四順」[3]一樣，接下來的目標順序就是買車了。（《韓國日報》2010年5月7日版）

你有沒有什麼如同老奶奶一樣迫切想要的東西？打算挑戰多少次？

3 譯註：老奶奶名為車四順（韓文：차사순），與韓文的車（차）、買（사）、順序的順（순）同字音。

20

傳授執行力，實踐更容易

Learning by Teaching

想彎腰幫助他人站起來，自己得先站起來。

——伊恩．西摩（R. Ian Seymour）

以剛洗完澡潔淨的心情寫下這封信。三年前為了戒酒入院時，從教授的書中看到酒鬼父親的兩個兒子，長大後擁有和父親完全不一樣人生的故事後，我領悟到很多。前幾年，第一次寫信給教授。經過這段時間的認真治療，我終於出院了。但是沒過多久，就辜負了治療團隊與自己，又再次入院。我完全崩潰。而且之後反覆入院、出院，這期間我甚至幾次試圖尋短。然而現在真的不一樣了。雖然我已經三十六歲，但還是苦讀考上了空中大學，在學期間擔任班代表和學生會副會長。雖然因為工作關係難免應酬，但現在即使要喝酒續攤，我也可以控制自己戰勝酒精。現在回顧那段時間，教別人戒酒反而對我自己戒酒有很大的幫助。

——克服酒精中毒的三十多歲男性

我最終會因為酒而死嗎？

某天，從酒精中毒中醒來的比爾問醫生：「我最終會因為酒而死嗎？」醫生認真地回答：「比爾，很遺憾，現在沒剩多少時間了。」「這樣啊，既然如此，我想再喝一杯。」「好，不過我有個請求，隔壁病房剛住進來一個少年，能讓他看看你這因為酗酒造成的模樣嗎？讓他再也不敢喝酒。」比爾答應了，他去找少年，真摯地告訴他為什麼應該戒酒。在這個過程中，比爾被自己的話感動，回到自己的病房後，完全忘記曾向醫生要求再喝一杯的事。同時，他澈底戒酒成功，並成立了戒酒互助團。他就是比爾・威爾森（Bill Wilson）牧師。

為什麼會這樣呢？因為當我們幫助某人並教育他人時，我們自己也會發生驚人的變化。幫助他人時我們也會得到幫助，教導別人時我們也會學到更多，這其中有幾個原因：

第一，在教學過程中，我們會不知不覺學到更多技巧。大家都知道，自己不懂的東西不能教別人，如果不能說服自己，就無法說服別人。因此，需要教導別人時，我們會先充實自己；需要說服別人時，我們會找尋更多理由。從結果來看，教導別人，自己也可以學到更多。如果傳授執行的方法，就要確保自己有更多執行經驗，因此實踐的可能性自然就會提高。

第二，因為教導某人時，也會不自覺規範自己。人都會想盡辦法做出符合自己形象的行為。如果身為班長，就會做出符合班長身分的行為；若被任命為軍官，就會做出符合軍官身分的行為。當我們知道要教導別人時，會不自覺告訴自己「我是要教別人的人……」，就會把自己重新定義、重新規範，行為自然也會不同。戒酒互助團的成員都一致認同，透過幫助他人戒酒的過程，自己的執行意志也會更加堅定。

第三，因為想讓言行一致。人一旦說出某件事，就會傾向採取相應的行動。所以如果我們教導給別人的內容和自己的行為不符合，就是言行不一致，這樣會造成不協調狀態，也會產生壓力。根據前面提過的「認知失調理論」，擺脫壓力最有效的方法是言行一致，維持認知協調狀態，這樣實踐的可能性也會提高。

想要改變孩子，最好的方法就是讓孩子去教導別人。以下分享一個小學老師的故事：

我們班上有個總是喜歡惹麻煩的學生，於是我決定按照教授的建議，反過來向那個搗蛋鬼尋求幫助：「你寫字比老師漂亮，可以幫老師寫上課用的字卡嗎？」孩子一副不屑的表情，好像很勉強地答應了。但令人驚訝的是，第二天交給我一疊製作精美的字卡。於是我又進一步拜託他，幫忙教其他同學如何才能寫出漂亮的字。這回他欣然接受，並很認真地教導同學。從此以後，那個學生對老師的扭曲態度和對同學的暴力言行都慢慢改善，最後消失了。

教學相長

在儒家經典《禮記》中有「教學相長」一詞，意指透過教而學得更多。猶太人也從很早以前，就將教學相長的意義運用到教育中。他們讓小學生教導比他更小的幼兒園孩子。在希伯來語中，「教」與「學」的字根都是「Lamed」，如果是主動形式具有「教」

的意思，被動形式則是「學」的意思，蘊含著必須教才能學的意涵。

想學得更多嗎？那麼把學到的東西教給別人就行了。我在授課的過程中領悟到了很多東西，透過寫作也學習到更多東西。我們都是教學相長，一邊安慰別人，自己也得到安慰；一邊幫助別人，自己也得到幫助。或許你會問，什麼時候？該教誰？教什麼？現在，就告訴身邊的人，你從這本書裡學到的東西吧。這就是開始。

不用把教想得太偉大、太複雜。看書或聽演講時，把覺得不錯的內容記下來告訴家人、用在公司簡報或給顧客的郵件上，這些小事我們都可以教給別人。如果從報紙或書、講座或廣播中學到了什麼，只要再添加一些自己的想法，就很自然可以分享給別人。在這個過程中，別人的知識會進入我的日常生活，成為我的知識。

我曾給學生一個作業，請他們把自己當成老師而不是學生，用任何方式把自己知道的東西教給別人。也就是上台「講課」，而不是「發表」。事後學生紛紛回應，表示「感覺最確實的學習就是在教導別人的時候」。有位學生當時正在看一本書，我要求他看完之後把裡面的內容教給我。不久，他寄了 e-mail 回覆我：

看到教授的信，心想「我怎麼敢教您啊……」，但同時一切也起了變化。原本我都是睡不著時才起來看看書，通常撐不了多久又躺下去。但現在我會好好坐在書桌前看書。不只是姿勢，閱讀方法也起了變化。我從序文開始仔細閱讀，之前隨便看過去的內容也不再錯過，因為隨時想到教授說「看完要教我」，現在都會邊做筆記邊看書。

如果想讓別人學到更多，就請他教你吧。如果想讓孩子學到更多東西，就請他們教你。如果想培養員工的執行能力，就給他們機會分享如何實踐。

我上國中的女兒有一天不會做數學題而來向我求助，我仔細看了半天之後（事實上，在看到問題的瞬間，我就明白我也解不了題）：「我也不會。」孩子很失望對我說：「爸爸，你不是大學教授嗎？」我坦白跟她說：「嗯，雖然我是教授，但這個問題還是不會。你去問老師，再回來教爸爸怎麼解好嗎？」第二天，女兒放學回家，有條有理地向我說明如何解題。從此之後，女兒在讀書時，也經常把白板放在一邊，模仿老師教學的方式學習。也許正因為如此，數學現在成了我女兒最喜歡的科目之一。

這種方式在諮商中也很有用。我經常問那些前來諮商夫妻問題的人：「如果你的孩子將來結婚後也遇到同樣的問題，你會給他們什麼建議呢？」通常他們都會一改原本滿腹苦惱的樣子，有條有理說出很棒的內容。每當這種時候，我就會這樣回應：「那麼你也照著剛才說的，去解決你的問題吧。」

聽到這話，大部分的人當下會感到不知所措，但實際上卻比我提出建議時更能有效地解決問題。為什麼這樣的方式可以發揮作用？因為其實被問題所苦的人，心中已經有解決問題所需要的東西。能夠給別人建議，代表我們內在已經有了解方。那些前來諮商的人心中潛在的想法，其實就是解決自己問題最好的方法，我只是引導他們以教導別人的方式，讓他們發現答案。

有效教導的三步驟

- **步驟一：告知（Instruction）**。在教導的最初期階段，用語言和文字告知對方還不知道的內容。
- **步驟二：演練（Rehearsal）**。示範一下，用實際行動演示教導的東西。
- **步驟三：回饋（Feedback）**。好好觀察實踐過程，稱讚做得好的地方，如果有問題，告知需要改善的部分，給予鼓勵，再重新回到第一階段。

很多企業為了增進學習效果，會使用所謂「三人學習」（3-Person Learning）的方式。第一人教第二人，第二人加上自己的實踐經驗後，再教第三人。以這種方式，組織成員將所知的內容實踐之後再教給他人，如此反覆，就會產生超出預期的效果。如果正確運用這個方式，不僅可以增進知識，還可以提高執行力、促進交流及人際關係。

多看書，你就會懂了；背下來，你就會記住；要把記得的東西教給他人，那麼你就必須實踐。如果有想學的東西，不妨就以那個主題寫文章。有位一年出版好幾本書的作家曾說：「如果有想了解的領域，我就會以那個主題寫書。因為要寫文章的話，就必須學習與該主題相關的知識。」這不是很棒的想法嗎？用想了解的領域為主題寫文章，然後教導別人。不是只有懂得多的人才能教導別人，也不是只有專家才會寫文章。教著教著你就會學到更多，寫著寫著你就會成為專家。

如果想減肥，就告訴我減肥的祕訣。想把新習慣變成自己的東西，最好的方法就是教導別人，成為他的教練或導師。比起讀十本相關書籍，教別人一次實踐方法更能提高執行力。你有什麼真正想實踐的事嗎？你想教誰？以及想如何教？

Stop, Think & Action

Stop：找出一些自己應該改變，卻無法改變的壞習慣。

Think：在其中找一個可以邊教邊改的習慣。

Action：為了提高執行力或改掉習慣，請想想要把什麼樣的內容教給誰，然後從第一件小事開始實踐。

One More

幫助別人的同時，也忘記了自己的問題

男：我本來想自殺的，但那個精神病院是我人生中最棒的地方。

女：醫生們對你很好是嗎？

男：不是，我是得到其他病人的幫助。我幫了他們，同時忘了我原本的問題。我幫過其他病人幾次，都感受到無法言喻的喜悅。我協助一個名叫魯迪的病人上廁所，那是我生平第一次忘記了自己的問題。真是一個驚人的經歷。

這是描寫真實人物杭特．亞當斯（Hunter C. Adams）的電影《心靈點滴》中的台詞。杭特．亞當斯在不幸的家庭環境中長大，因自殺未遂被送進精神病院。失去生活方

向而彷徨的他，在那裡遇到了一位老人病患，得到了靈感，同時透過新穎的方法幫助其他病人，那是他第一次意識到自己可以對某人有所幫助。就這樣，他成為其他病人口中的「派奇」（Patch，修補的意思）。後來順利出院，他把自己的名字改成了派奇・亞當斯，考上醫學院，成為一名不僅治療生病的身體，更能治癒受傷靈魂的醫生。此外，並在西維吉尼亞州設立了被稱為醫療革命發祥地的「康健醫院」（Gesundheit）。

為了解決自己的問題，你能幫助的人誰？你能從中學習到什麼呢？

後記

閱讀、感受，然後執行

很多人即使讀遍了有關人際關係的書，人際關係也絲毫沒有改善。因為雖然讀了有所感受，但是一闔上書就會忘記。很多人雖然參加過無數次自我開發研討會，但仍看不到啟發自己的契機。因為在聽、感受、離開會場後，瞬間就會遺忘。看了書不執行、聽了課不實踐的人太多了。如果你看完這本書，也感受到了什麼，但假如完全不實踐，那麼就等於是透過這本書學習到「下定決心卻不實踐的方法」一樣。

無論投入多少時間看書、有多少感受，如果不付諸行動，就沒有任何用處。如果夢想和藍圖都不執行，那就只是幻想。即使分析能力再強，如果不實踐，也不會成為富翁。再怎麼好的心意，如果沒有表達，就如同包裝好卻未送出去的禮物一樣。無論多麼有創意的想法，如果沒有實踐，永遠不會有人知道。執行力是讓目標取得看得見的成果的關鍵，我們的命運取決於我們能否執行。

如果希望從這本書的讀者那裡聽到一句話，我想聽到這樣的話：「讀完這本書後，我終於把之前一直拖延的事完成了。」如果還能再聽到一句話，我希望聽到：「當時看完書後實踐的小事，成為日後改變我人生的契機。」

看完我的書，比起產生一千種想法，我更希望讀者就算只想到一個事，但能夠付諸實踐，我就心滿意足了。

如果你還在自責是個缺乏執行力和毅力的人，那麼，回想一下學走路和騎自行車的時候吧。現在能走路、會騎車，都是之前反覆摔倒又站起來的成果，重點是沒有放棄。希望這本書的讀者都有這種執行力。

「每個病人體內都潛藏著一位醫生。我們這些醫生所做的，只不過是盡力為他們體內潛藏的醫生提供自我治癒的機會。」正如史懷哲（Albert Schweitzer）醫師說的，每個人都擁有屬於自己的偉大能力，如果這本書能為各位提供一個槓桿，將體內沉睡的能力付諸行動，那就太好了。

若只看了一遍就結束，那麼書就毫無價值。各位看完這本書後，可以闔上書，稍微思考一下，然後這樣問自己：「第一，Why？我為什麼要看這本書？第二，What？我想透過這本書得到什麼？第三，How？我可以怎麼利用呢？」然後再打開書，以自己留下的記號和筆記為基礎，再慢慢瀏覽一遍。

接下來，找尋一件馬上就能實踐的小事，一件簡單卻不得不執行的小事，今晚十二點之前一定要付諸實踐。不需要太宏大的目標，因為那樣很容易會三天打魚、兩天曬網。要克制想改變一切的欲望，因為那會成為半途而廢的理由。要抵抗想拖延到明天的誘惑，因為這是改變最大的絆腳石。就選一件小事，然後今天馬上實踐。明天、後天、大後天，每天都只實踐一件小事。

不要猶豫不決，有什麼好奇的就在課堂上舉手發問。有喜歡的人，就打電話約見面。不要只在心裡關懷，要伸出手撫摸熟睡中的孩子。若覺得每天都很忙，試著關掉手機一段時間。如果遲遲沒整理房間，那就先從整理抽屜開始。用「現在不做還有什麼時候」、「不是這裡還會是哪裡」的心態去實踐。還有，讓它成為一種習慣。點會聚集成線，所有的變化都發生在不斷進行微小實踐的人身上。

詩人約翰．格林里夫．惠蒂埃（John Greenleaf Whittier）這樣說道：「在這個世界上，用語言和文字能夠表達的最悲傷的話是『要是～就好了』。」我希望各位在回顧人生旅程時，不會像這樣唉聲嘆氣。

相反地，隨著歲月流逝，希望你能有越來越多機會可以露出滿意的微笑說：「還好那時候有～，真是萬幸。」後悔無論多早都已經太晚，而開始無論多晚都不會太遲。永遠不要忘記，是行動才能帶我們去想去的地方，不是想法。

即使每天只有百分之一的改變，如果每天都實踐一件事，很快你就會在腦海中產生這樣的想法：「如果我做到了～，那我也能做到～。」那麼，總有一天你會像英國詩人、浪漫主義文學泰斗拜倫（George Gordon Byron）一樣歡呼：「有一天我早上醒來，發現自己已經成名了！」你也可以歡呼：「有一天我早上醒來，發現自己完全成了另一個人！」「我們家的氣氛竟然變得如此不一樣！」「沒想到我的事業這麼成功！」

如果想讓明天與昨天不同，想過與眾不同的生活，就必須滿足一個先提條件，也就是必須以不同於昨天的方式思考，以不同於昨天的方式行動。請每天至少停止一次習慣性會做的事（Stop）；哪怕只有一分鐘的時間，也要好好思考那件事（Think）；然後，只要做出百分之一與以前不同、與他人不同的行動（Action）。如果你選擇這麼做，會發生什麼事呢？

正如泰戈爾（Rabindranath Tagore）所說的：「你無法靠著只站在那裡看海就能渡海。」只靠想像，絕對無法實現目標，得到想要的東西。當你讀完這本書後，我很想知道你今天實踐的小行動，會讓你的人生發生怎樣的變化。我真心希望各位所實踐的這件小事，能成為人生中美好事物的第一個起點。One Day! One Thing!

國家圖書館出版品預行編目 (CIP) 資料

執行力的 20 個槓桿 : 從下定決心、採取行動到堅持下去 , 全面提升執行力 , 實現理想人生 / 李珉圭著 ; 馮燕珠譯 . -- 初版 . -- 臺北市 : 遠流出版事業股份有限公司 , 2024.11
面； 公分
ISBN 978-626-361-915-9(平裝)

1.CST: 成功法 2.CST: 自我實現

177.2 113013478

執行力的 20 個槓桿：
從下定決心、採取行動到堅持下去，全面提升執行力，實現理想人生

作者／李珉圭
翻譯／馮燕珠
主編／周明怡
行銷企劃／王芃歡
封面設計／張天薪
內頁排版／菩薩蠻電腦科技有限公司

發行人／王榮文
出版發行／遠流出版事業股份有限公司
104005 台北市中山北路一段 11 號 13 樓
郵撥／ 0189456-1
電話／ (02)2571-0297 傳真／ (02)2571-0197
著作權顧問／蕭雄淋律師

2024 年 11 月 1 日 初版一刷
2025 年 2 月 1 日 初版二刷
售價新臺幣 390 元（缺頁或破損的書，請寄回更換）
有著作權 · 侵害必究 Printed in Taiwan
http://www.ylib.com
e-mail:ylib@ylib.com

실행이 답이다 : 행동과 실천의 심리학
Copyright ©2019 by Min Kyu Lee
All rights reserved.
Original Korean edition published by Thenan Contents Group Co., Ltd.
Chinese(complex) Translation rights arranged with Thenan Contents Group Co., Ltd.
Chinese(complex) Translation Copyright ©2024 by Yuan-Liou Publishing Co., Ltd
through M.J. Agency, in Taipei.